浙江省
钱塘江文化
研究会

ZHEJIANG QIANTANG RIVER
CULTURE RESEARCH
ASSOCIATION

宋韵文化丛书编委会

主任　胡　坚　章　燕

编委（以姓氏笔画为序）

　　　安蓉泉　李　杰　陈荣高　范卫东

　　　范根才　周　膺　周小瓯　徐　勤

　　　傅建祥

支持单位　中共杭州市上城区委宣传部

宋韵文化丛书

吴 晶 周 膺/著

诗词里的宋韵

浙江工商大学出版社·杭州

吴　晶

　　浙江省社会科学院研究员，主要研究方向为宋代、清代文化史和浙江地域文化史、家族文化史。主持或参与10余项省级课题研究，其中3项获省级优秀成果奖。出版《永嘉四灵：徐照、徐玑、翁卷、赵师秀传》《画之大者：黄宾虹传》《百年一缶翁：吴昌硕传》等10多种专著，发表论文和研究报告40余篇。

周　膺

　　浙江省历史学会副会长，浙江大学兼职教授。在中西哲学和文化史的比较研究方面有较多积累，并涉猎历史学、考古学、美学、文化学、经济学等较多学术领域。主持10余项省级课题研究，其中3项获省级优秀成果奖。已由上海古籍出版社等出版《南宋美学思想研究》《宋朝那些事儿》《杭州史稿》《中国5000年文明第一证：良渚文化与良渚古国》等40余种专著，发表论文和研究报告100余篇、散文随笔100余篇。

总　序

胡　坚

　　宋代上承汉唐、下启明清，是中国古代文明最为辉煌的时期之一。宋代是中国历史上商品经济、文化教育、科技创新高度繁荣的时代。宋代崇尚思想自由，儒家学派百花齐放，出现程朱理学；科学技术发展取得划时代成就，中国的四大发明产生世界性影响，多领域出现科技革新；政治开明，对官僚的管理比较严格，没有出现严重的宦官专权和军阀割据，对外开放影响广远；经济繁荣，商品经济异常活跃，农业、手工业、商业等都取得长足进步；重视民生，民乱次数在中国历史上相对较少，规模也较小，百姓生活水平有较大提升，雅文化兴盛；城市化率比较高，人口增长迅速。

　　经济、社会的高度发达带来了文化的繁荣兴盛。兴于北宋、盛于南宋，绵延300多年的宋代文化，把中华文明推到前所未有的高度，为人类文明进步做出了不可磨灭的贡献。浙江的文化积淀极为深厚。作为中华文明史上的璀璨明珠，宋韵文化是浙江最厚重的历史遗存、最鲜明的人文标识之一。宋韵文化是两宋文化中具有文化创造价值和历史进步意义的哲学思想、人文精神、价值理念、道德规范的集大成。什么是宋韵文化？宋韵文化不能简单地等同于宋代文化，而是从宋代文化中传承下来的，经过历史扬弃的，具有当代价值和独特风韵的文化现象，包括思想理念、精神气节、文学艺术、雅致生活、民俗风情等。具体来说，宋韵文化见之于学术思想的思辨之韵、文学艺术的审美之韵、发现发明的智识之韵、生产技术的匠心之韵、社会治理的秩序之韵、日常生活的器物之韵，集中反映了两宋时期卓越非凡的历史智慧、鼎盛辉煌的创新创造、意韵丰盈的志趣指归和开放包容的社会风貌，跳跃律动着中华民族一脉相承的精神追求、精神特质、精神脉络，是中华优秀传统文化的重要组成部分和具有中国气派、浙江辨识度的典型文化标识。

当前，我们对中华传统文化，要坚持古为今用、推陈出新，继承和弘扬其中的优秀成分。要建立具有中国特色、中国风格、中国气派的文明研究学科体系、学术体系、话语体系，为人类文明新形态实践提供有力的理论支撑。要以礼敬自豪、科学理性的态度保护和传承宋韵文化，辩证取舍、固本拓新，使其具有重大而深远的历史意义和时代价值。为此，浙江提出实施"宋韵文化传世工程"，形成宋韵文化挖掘、保护、研究、提升、传承的工作体系，高水平推进宋韵文化创造性转化、创新性发展，让千年宋韵在新时代"流动"起来、"传承"下去，形成展示"重要窗口"独特韵味、文化浙江建设成果的鲜明标识。

根据"宋韵文化传世工程"部署，浙江将围绕思想、制度、经济、社会、百姓生活、文学艺术、建筑、宗教等八大形态，系统研究宋韵文化的精神内核、文化内涵、地域特色、形态特征、历史意义、时代价值、传承创新，构建体系完整、门类齐全、研究深入、阐释权威的宋韵文化研究体系，推进宋韵文化文献资料的整理与研究，打造宋韵文化研究展示平台。深化宋韵大遗址考古发掘、保护、利用，构建宋韵文化遗址全域保护格局，让宋韵文化可知、可触、可感，为宋韵文化传承展示提供史实依据。推进宋韵重大遗址考古发掘，加强宋韵遗址综合保护，提升大遗址展示利用水平。以数字化手段赋能宋韵文化传承弘扬，全面构建宋韵文化数字化保护、管理、研究、展示、衍生体系，打造宋韵文化遗存立体化呈现系统，实现宋韵文化数字化再造，让千年宋韵在数字世界中"活"起来。加强宋韵文化数字化保护，打造数字宋韵活化展示场景，构筑宋韵数字服务衍生架构。坚持突出特色与融合发展相协调，围绕"深化、转化、活化、品牌化"的逻辑链条，深入挖掘宋韵文化元素，加强宋韵文化标识建设，打造系列宋韵文化标识，塑造以宋韵演艺、宋韵活动、宋韵文创等为支撑的"宋韵浙江"品牌，推动宋韵文化和品牌塑造的深度融合，提升宋韵文化辨识度，打造宋韵艺术精品、宋韵节庆品牌、宋韵文创品牌、宋韵文旅演艺品牌。深入挖掘、传承、弘扬宋韵文化基因，充分运用"文化＋"和"互联网＋"等创新形式，推进宋韵文化和旅游深度融合，进一步优化布局、完善结构、提升能级，把浙江建设成为国际知名的宋韵文化旅游目的地。优化宋韵文旅产业发展布局，建设高能级旅游景区集群，发展宋韵文旅惠民富民新模式。建设宋韵文化立体化传播渠道，构建宋韵文化系统化展示平台，完善宋韵文化国际化传播体系。统筹对内对外传播资源，深化全媒体融合传播，构建立体高效的传播网络，着力打造融通中外的新范畴、新表述，推动宋韵文化深入人心、走向世界，使浙江成为彰显宋韵文化、具有国内外影响力的展示窗口。

我们浙江省钱塘江文化研究会全体同人，积极响应浙江省委、省政府的号召，全身心投入宋韵文化的研究、转化和传播工作之中，撰写了许多论文和研究报告，广泛地深入浙江各地进行文化策划，推动宋韵文化提升城市品位、参与发展宋韵文化事业和文化产业，让宋韵文化全方位地融入百姓生活。

为了提升我们自己的思想水平和工作水平，同人们认真学习和研究宋韵文化，深入把握历史事件、精准挖掘历史故事、系统梳理思想脉络、着力研究相关课题，在此基础上，撰写了一系列通俗读物，以飨读者，为传播宋韵文化做出自己的贡献，于是就有了这套丛书。

这套丛书有以下几个特点：一是通俗性，以比较通俗的语言和明快的笔调撰写宋韵文化有关主题，切实增强丛书的可读性；二是准确性，以基本的宋韵史料为基础，力求比较准确地传达宋韵文化的内容；三是时代性，坚持古为今用，把宋韵文化与当下的现实应用紧密地结合起来，能够跳出宋韵看宋韵，让宋韵文化为当下的经济社会发展和百姓生活服务；四是实用性，丛书中有许多可以借鉴的思想理念和可供操作的方法途径，可以直接应用于文化事业和文化产业。

限于我们的研究深度与水平，丛书中一定有不少谬误，敬请读者批评指正。

2022 年 8 月 15 日

（作者系浙江省钱塘江文化研究会会长、浙江省宋韵文化研究传承中心专家咨询委员会召集人）

英国维多利亚时代著名批评家兼诗人马修·阿诺德（Matthew Arnold）在《诗歌研究》一文中指出："一个时代最完美确切的解释，须求之于当时之诗歌。因为诗歌作为一种存在，乃是人类心力之精华所在。"诗因此具有巨大的解释力量。"人类逐渐发现我们必须求助于诗来解释生活，安慰我们，支持我们。没有诗，我们的科学就要显得不完备；而今天我们大部分当作宗教或哲学的东西，也将为诗代替。""诗歌是在诗的真与美的规律所规定的条件下的一种生活的批评。"词是广义上的诗。诗词不仅是一种文学表达，也是一种时代或社会表达，一种人生或人性表达。马修·阿诺德在《美好与光明》一文中说："文化是，或者说应该是，对完美的研究和追求；而文化所追求的完美以美与智为主要品质。"作为高级形态的精神文化，宋诗、宋词即宋人研习和追求完美的一种实现方式。宋诗、宋词既体现了一种当时之艺术美、生活美，又有一种历时之美，所谓宋韵。

现代学人缪钺在《宋诗鉴赏辞典》序《论宋诗》中说：

唐诗如芍药海棠，秾华繁采；宋诗如寒梅秋菊，幽韵冷香。唐诗如啖荔枝，一颗入口，则甘芳盈颊；宋诗如食橄榄，初觉生涩，而回味隽永。譬诸修园林，唐诗则如叠石凿池，筑亭辟馆；宋诗则如亭馆之中，饰以绮疏雕槛，水石之侧，植以异卉名葩。譬诸游山水，唐诗则如高峰远望，意气浩然；宋诗则如曲涧寻幽，情境冷峭。

他还在此指出，宋诗承唐诗而变，如大江之水，潴而为湖，由动而变为静，由浑灏而变为澄清，由惊涛汹涌而变为清波容与。情思深微而不壮阔，气力收敛而不发扬，声响不贵洪亮而贵清冷，词句不尚蓓艳而尚朴澹，美不在容光而在意态，味不重肥酡而重隽永，皆与当时人之心情相合，出于自然，表达自然。一时代之诗，可以见一时代之人心和生活。

近代学人王国维在《人间词话》中分别引晏殊《蝶恋花》、柳永《蝶恋花》和辛弃疾《青玉案·元夕》阐释人生境界：

> 古今之成大事业、大学问者，必经过三种之境界："昨夜西风凋碧树。独上高楼，望尽天涯路。"此第一境也。"衣带渐宽终不悔，为伊消得人憔悴。"此第二境也。"众里寻他千百度，蓦然回首，那人却在灯火阑珊处。"此第三境也。

这三句言情意相思的佳句，被王国维用来表现"悬思—苦索—顿悟"的治学三重境界，即从登高望远到忘我以求，再到豁然顿悟，被赋予了更深刻和广大的内涵。在《文学小言》一文中，王国维又将这三境界说成"三种之阶级"，并说："未有不阅第一第二阶级，而能遽跻第三阶级者。文学亦然。此有文学上之天才者，所以又需莫大之修养也。"这也可见宋词之宏大。

　　本书从诗词名篇、名句这一角度阐释宋韵，不仅对宋诗宋词进行美学再解释，而且对其中的生活美学内涵进行另一种发掘。宋代是一个文化世俗化、大众化的时代，与当代有很多相似相通之处，我们对其甚至有零距离的亲切感。宋人的价值观、生活方式等很多仍为今人所推崇。宋人爱好的"四般闲事"（焚香、点茶、挂画、插花）等，所追求的充实中庸而不匆忙、不过度的生活态度和人生意趣，韵致空灵、韵味馥郁的生活况味和审美趣味，都成为今人丰富日常生活和内心世界的学习门径或方便法门。宋韵很远，也很近。

目录

第一篇　气节最高坚

诗中日月 ｜ 003

大宋少年志 ｜ 007

几生修得到梅花 ｜ 014

肝胆冰雪 ｜ 020

忠信平生心自许 ｜ 027

丹心汗青 ｜ 034

第二篇　民生各异俗

民不饥寒为上瑞 ｜ 043

都会繁华 ｜ 050

人间有味 ｜ 058

田园杂兴 ｜ 065

未成小隐聊中隐 ｜ 073

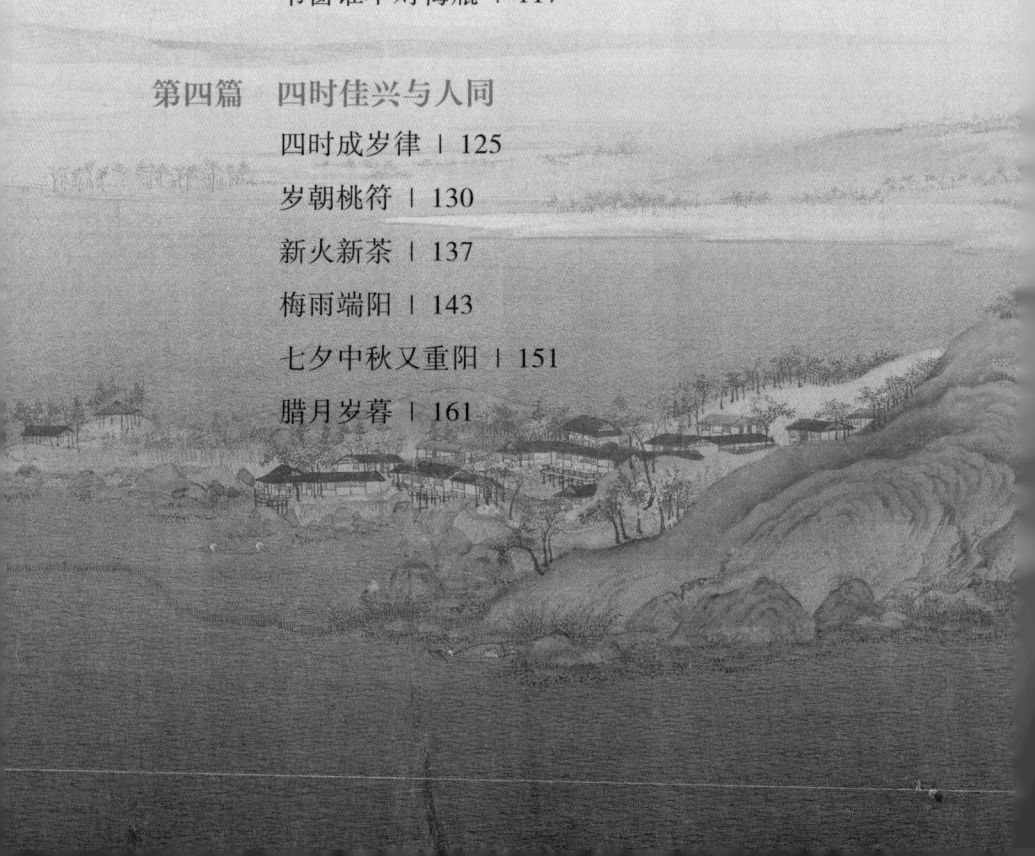

第三篇　闲适以遣兴

　　浮生难得是清欢 ｜ 083

　　骑驴行舟 ｜ 089

　　燕居焚香 ｜ 097

　　寒夜客来茶当酒 ｜ 103

　　只恐夜深花睡去 ｜ 111

　　书窗谁不对梅瓶 ｜ 117

第四篇　四时佳兴与人同

　　四时成岁律 ｜ 125

　　岁朝桃符 ｜ 130

　　新火新茶 ｜ 137

　　梅雨端阳 ｜ 143

　　七夕中秋又重阳 ｜ 151

　　腊月岁暮 ｜ 161

第五篇　自是花中第一流

玉骨冰肌未肯枯 ｜ 171

始知伶俐不如痴 ｜ 177

《鲁国夫人词》和《杨太后宫词》｜ 183

莫问奴归处 ｜ 188

两情若在久长时 ｜ 193

曾是惊鸿照影来 ｜ 201

第六篇　工夫在诗外

似曾相识雪泥鸿爪 ｜ 211

人事每如此 ｜ 218

万物静观皆自得 ｜ 225

渺观宇宙我心宽 ｜ 232

书当快意学无遗力 ｜ 240

第一篇

气节最高坚

诗中日月

宋代是后人推许的崇文盛世，虽然宋诗和唐诗孰高孰低如《红楼梦》里的黛钗孰美一样，一直有争议，但宋诗、宋词的作者更多，作品数量更多，是毫无争议的。宋诗、宋词也不像有些人误解的那样一味喜欢掉书袋、深奥隔膜不好懂，宋诗、宋词也深入民间和人心，被广泛地传诵。宋代开国皇帝赵匡胤虽然是武人，但也留下写过一首半好诗的传说。

北宋末浙江金华人陈岩肖著有《庚溪诗话》，记载了一段有趣的诗事，说赵匡胤还没闻名天下时，一次有朋友吟咏了一首《初日》诗，语句虽然工丽但诗意浅薄拘泥，赵匡胤直言不喜欢，此人不服气，让赵匡胤也吟一首。赵匡胤不假思索应声道："太阳初出光赫赫，千山万山如火发。一轮顷刻上天衢，逐退群星与残月。"这首《咏初日》诗看似不工整精致，还有俗气和打油诗的味道，但细品，不但意境浑然天成，而且真如"初日"般高远不俗。所以陈岩肖评论这首诗"混一之志，先形于言，规模宏远"，说赵匡胤在随口吟出的诗里透露了远大抱负和不凡襟怀，结束五代十国混战局面的志向已显露其中。就像光芒瞬间掩盖残星淡月的朝阳，其志宏大远阔可见一斑。

图1-1 故宫南薰殿旧藏《宋太祖坐像》 传〔宋〕王霭 （台北"故宫博物院"藏）

　　到了南宋末，陈郁在诗话《藏一话腴》里说赵匡胤这首诗的原文是："欲出未出光辣达，千山万山如火发。须臾走向天上来，逐却残星赶却月。"语言更加通俗，接近民间俚语，但诗句间的意气风发、志气蓬勃却是一样的，甚至更加生动有力。

陈郁还说，赵匡胤做了皇帝后，写国史的文人觉得《咏初日》诗不够雅致，对后两句加以润色，改为"未离海峤千山黑，才到天心万国明"。陈郁批评说，改了后诗歌文气卑弱，明显不如原作。为什么诗句更加精致了却不如原作有味道了呢？大概就是失掉了赵匡胤原诗"大哉言乎"的气概、气度、气势、气韵。

还有一种说法认为，"未离海峤千山黑，才到天心万国明"虽然构思与原诗很像，但看诗意应该是咏月诗，它是赵匡胤的另一首诗，只有两句断句。早在北宋中期，苏轼的学生、"苏门六君子"之一的诗人陈师道在《后山诗话》中就提及这两句诗："王师围金陵，唐使徐铉来。铉伐其能，欲以口舌解围，谓太祖不文，盛称其主博学多艺，有圣人之能。使诵其诗。曰《秋月》之篇，天下传诵之，其句云云。太祖大笑曰，寒士语尔，吾不道也。铉内不服，谓大言无实，可穷也。以请。殿上惊惧相目。太祖曰，微时自秦中归，道华下，醉卧田间，觉而月出，有句曰，未离海底千山黑，才到天中万国明。铉大惊。殿上称寿。"

北宋开宝七年（974），北宋军队围困南唐都城江宁（今江苏南京，别名金陵），南唐后主、著名词人李煜就派大臣、诗人徐铉去开封求和。徐铉想依仗诗才劝北宋退兵，说太祖不能写诗而李后主博学多才。赵匡胤让徐铉吟后主的诗，徐铉就吟咏李煜《秋月》诗"玉璧孤悬天外冷，何劳广寒独弄影"，说后主的诗闻名天下。赵匡胤大笑："这只是穷书生的酸词，我要写月亮，绝不这样写。"徐铉不服，说赵匡胤说的只是大话，让他当场写一首。满朝文武以为赵匡胤一定不行，惊慌相顾。赵匡胤却淡定地说："我年轻未成事业时，一次路过西岳华山，饮酒醉后卧于夜间的田野中，仰望明月缓缓升上中天，有感而发'未离海底千山黑，才到中天万国明'。"这两句诗写出了赵匡胤醉卧山野间"抬头望明月"的意境。都说"海上生明月""海上明月共潮生"，古人以为月亮是从海底升起的。他在山野间看到月亮冉冉升起，想到月亮还在海底时眼前的群山都沉浸在苍茫暮色中一片黯淡，而当月亮升起，尤其明月高悬中天，则天下万物无不明亮。这首诗很朴素，是眼前所见心中所感，且富有哲理。徐铉听到这两句后敬佩不已，不再高傲，立刻下拜。陈师道记载的这两句诗和《藏一话腴》相比只有"海底（海峤）""中天（天心）"两词不同，应该也是后来的文人润色过了。细品也还是原诗"海底""中天"更为真实、质朴且有气势、有韵味。

也难怪徐铉低头，的确，如果对比李煜的《秋月》诗和赵匡胤咏月诗的残句，虽然前者语词意境委婉清高，后者直白豪阔，算各有千秋，但论襟怀气度，还是赵匡胤赢了。论诗歌，总是诗意为先，语词为次。

赵匡胤所写日月诗中的初日、明月意象，初日气象磅礴、明月气概高远，这也是宋代雍容淳厚文化气象、宋韵的突出象征。

大宋少年志

南宋词人辛弃疾《丑奴儿·书博山道中壁》词说"少年不识愁滋味，爱上层楼，爱上层楼。为赋新词强说愁"，但其实宋代有许多少年诗人写出了脍炙人口的诗词名篇名句。《宋史》本传记载，北宋宰相、词人晏殊十四岁时以神童之名被赐同进士出身，诗人王禹偁六岁会作诗，黄庭坚七岁会作诗，苏轼十岁能言历史得失，南宋山阴（今浙江绍兴）诗人陆游十二岁能诗，鄞县（今浙江宁波）状元词人张孝祥自幼过目不忘，下笔如有神，温州诗人陈傅良儿时作文即自成一家。

这与宋代科举兴盛激发少年英才有关。唐朝就设童子科选拔天资颖悟的儿童，宋朝保留了童子（神童）举。《宋史·选举志》记载，十五岁以下能通经作诗赋的孩子，由州县官员推荐到朝廷，皇帝亲自考试，真有才华者给予出仕机会。这一政策也导致了不少特殊、极端例子的出现，如北宋真宗时福建蔡伯俙四岁应举赐进士出身，给太子赵祯做伴读，还有被家人揠苗助长的"神童"，如王安石笔下的方仲永。但总体来说，宋代重视选拔少年英才的政策和社会氛围促使了少年英才的涌现。

北宋王禹偁小时候家里穷苦，父亲靠磨面为生，但他从小聪慧，读书上进。当地官员让他以家中生计为题写诗，六岁的王禹偁吟道："但存心里正，何愁眼下迟？得人轻借力，便是转身时。"巧妙借石磨"心"比喻人心，磨盘上放麦粒的"磨眼"组成时间词"眼下"，说只要磨盘摆得正，就不怕麦子磨得慢。而且"我"虽然年幼力气小，但只要有人帮"我"加点劲，就能轻松地推动磨盘。诗中说的似乎是推磨，实则说的是王禹偁自己和家庭的命运，相信只要保持正道不偏斜，总有出头的一天。长官深为王禹偁的敏捷诗才所倾倒，更感佩其志向。之后，王禹偁还为州中官员的上联"鹦鹉能言难似凤"巧对了"蜘蛛虽巧不如蚕"，也可见其机智，更可见其人品见识。因为"鹦鹉"一句自带价值观判断，说鹦鹉虽巧舌如簧却只是学舌，不如凤凰内敛有华彩。王禹偁是理解认同这个观点才对出"蜘蛛虽巧不如蚕"的，说蜘蛛也会结网但不如蚕能吐丝织成珍贵的丝织品。

民间谚语"七岁见老"是说一个人小时候的谈吐作为能见其将来格局，这是有一定道理的。如明代杭州名臣于谦少时有《石灰吟》托物言志："粉骨碎身全不怕，要留清白在人间。"这正是他一生行迹的预言。王禹偁的心声"蜘蛛虽巧不如蚕"也犹如他生平的谶语。早慧有志的他后来获乡试第一名，殿试又中进士，成为北宋直臣和文学家。

北宋诗人、"苏门六君子"之一的黄庭坚也是寒素家庭出身的神童。他小时候读书几遍就能流利背诵。舅舅拿书架上的书问他，没有他不知道的。《桐江诗话》记载，黄庭坚七岁时就写了《牧童诗》："骑牛远远过前村，短笛横吹隔陇闻（一作吹笛风斜隔岸闻）。多少长安名利客，机关算（一作用）尽

图1-2 故宫南薰殿旧藏《历代圣贤名人像册》黄庭坚像 （台北"故宫博物院"藏）

不如君。"他因此一举成名。诗里说历史上多少在朝堂（长安，唐朝首都，指代朝廷）上机关算尽的谋臣权贵，都不如自由自在的乡村牧童。又说八岁的黄庭坚将所作《送人赴举》诗送给参加科举的人："万里云程着祖鞭，送君归去玉阶前（一作青衫乌帽芦花鞭，送君归去明主前）。若问旧时黄庭坚，谪在人间今（一作已）八年。"虽然这两首诗是不是黄庭坚幼时所作难以断定，但也可以侧证他的确是一个有深刻悟性、不俗志向的人。

十八岁的黄庭坚从家乡江西去都城汴京（今河南开封）考试。那年科举，因黄庭坚才华卓著，都风传他就是第一名"省元"。友人都已为他预备了庆功酒。可惜，据说因文风耿介而犯忌，此年最终高中的是别人。黄庭坚闻讯后却坦然自若，并向中者道贺。黄庭坚在二十二岁时考中进士，北宋熙宁五年（1072）参加四京学官考试，因文章最优担任了国子监教授。日后，他更是成为"江西诗派"宗师，与唐代杜甫和宋代陈师道、陈与义被誉为"一祖三宗"，还与苏轼合称"苏黄"。师友苏轼评价他"瑰琦之文妙绝当世，孝友之行追配古人"，还赞许他的诗文超凡绝尘，卓然独立于千万之中。

北宋明州鄞县（今浙江宁波）人汪洙是哲宗时进士，曾任观文殿大学士，也是能诗神童，有《神童诗》留世。汪洙出身贫寒，九岁时牧鹅经过鄞县学宫，看到房屋破败感到可惜，就以墨炭在墙上题诗：颜回夜夜观星象，夫子朝朝雨打头。万代公卿从此出，何人肯把俸钱修？颜回就是孔子的学生，诗中说历代官员才子都从学校里走出去，为什么没人肯拿俸禄来修学堂呢？县里学官看到此诗后惊奇于他的才志，见他身着短襟就

图1-3　《绘图新注神童诗》　（〔民国〕上海广益书局出版）

打趣地问："神童衫子何短耶？"汪洙以诗回答："神童衫子短，袖大惹春风。未去朝天子，先来谒相公。"气度不卑不亢，志向不同庸常。汪洙后来进士及第进入翰林院并成为学问大、道德高的"醇儒"。他一生持身谨严、学问实在，还重视家族教育，子孙四代都有中进士的。汪洙的成才，与北宋名臣、诗人王安石有关。庆历二年（1042），王安石成为鄞县县令，施行改革，兴办县学。汪洙父亲是县吏，得到王安石的重用。汪洙也是王安石兴学的受益者。

汪洙日后成为大儒名师，他早年的很多雅俗共赏、朗朗上口的五言绝句如"神童衫子短"等被编成《神童诗》组诗，版本很多，流传后世。其中如"天子重英豪，文章教尔曹。万般皆下品，唯有读书高""朝为田舍郎，暮登天子堂。将相本无种，男儿当自强""莫道儒冠误，诗书不负人。达而相天下，穷则善其身""久旱逢甘雨，他乡遇故知。洞房花烛夜，金榜题名时""一举登科日，双亲未老时。锦衣归故里，端的是男儿""遗子黄金宝，何如教一经"等影响深远。其中一些诗不是汪洙所作，也被编入《神童诗》。虽然今天看来这些诗不免功利，但鼓励平民子弟好学上进、为国为民读书仍是可取的。再如其中的"少小须勤学，文章可立身""自小多才学，平生志气高。别人怀宝剑，我有笔如刀""古有千文义，须知后学通。圣贤俱间出，以此发蒙童""年纪虽然小，文章日渐多。待看十五六，一举便登科""年小初登第，皇都得意回。禹门三汲浪，平地一声雷"，都生动地书写了少年英才的意气锐利。英气勃发，令人神往。

张孝祥二十二岁中状元，他的诗词也有这种气质。像他的名篇《六州歌头》末尾说："闻道中原遗老，常南望，翠葆霓旌。使行人到此，忠愤气填膺，有泪如倾！"其爱国热情、少年意气让他的老师、抗金名将张浚掩面流泪离席。

状元名臣、宋末英雄文天祥也曾是少年诗人。他是江西庐陵（今江西吉安）人，小时候看到学宫里祭祀的北宋名臣欧阳修、南宋四名臣之一胡铨等乡贤的画像，谥号都有"忠"字，敬慕地表示要成为其中一员，做真英雄。他二十岁就考中状元。考官王应麟赞扬文天祥的文字透露出的忠心肝胆似铁石般坚定，得到这样的英才是国家之幸，所以文天祥中状元后改字宋瑞。少年英才真的都是大宋祥瑞。

几生修得到梅花

　　无论是在历代文人还是在民众眼里心底,冬天盛放的梅花都是不凡嘉卉。《诗经·小雅·四月》中就有"山有嘉卉,侯栗侯梅"。《诗经》和《离骚》等中国诗歌经典多以嘉卉香草喻人格风骨。松、竹、梅合称岁寒三友,梅、兰、竹、菊合称四君子,可见人们对梅花的喜爱和推崇。宋代梅花诗词的兴起与宗教信仰也有关。此时佛教净土宗兴盛,其观照梅花的修炼法门,进一步推动了崇梅、爱梅风气的形成。崇梅、爱梅也与宋人崇尚雅正韵清的审美取向息息相关。

　　宋末王淇《梅》诗云:"不受尘埃半点侵,竹篱茅舍自甘心。只因误识林和靖,惹得诗人说到今。"说的是北宋初杭州隐士林逋(和靖)与梅花的因缘。林逋是五代遗民的后代,一生不出仕不入城门,隐居当时还很偏远的西湖边的孤山。庐舍外多种梅花,养两鹤当童子,被时人称为"梅妻鹤子"。林逋称自己一生布衣处士,无愧于世。去世前他还说西湖南山南、北山北,从此任鹤自来自往,请梅花自舒自放。他最著名的咏梅诗句是《山园小梅》中的"疏影横斜水清浅,暗香浮动月黄昏",诗意氤氲,诗韵缱绻。文坛领袖欧阳修感慨"前世咏梅者多矣,

图1-4　《林和靖图》　〔宋〕马麟　（日本东京国立博物馆藏）

未有此句也"。于是此两句被誉为绝唱。也有人认为这一名联过于雕琢，还是化用了五代诗人江为的诗"竹影横斜水清浅，桂香浮动月黄昏"。不过林逋还有其他咏梅佳句，如黄庭坚激赏的《梅花》诗，有"雪后园林才半树，水边篱落忽横枝"句，同样写出了梅花空灵清冷的韵致。另外，还有梅花词《霜天晓角》，其中有"冰清霜洁。昨夜梅花发"之句。林逋身后，其诗、人与宋人诗中的梅花意象融合无界，成为一种象征。如宋末吴锡畴《林和靖墓》诗所说"清风千载梅花共，说着梅花定说君"，辛弃疾《浣溪沙·种梅菊》词所说"若无和靖即无梅"。梅花孤洁冷傲、不谐世俗的诗意形象从此也成为隐士、遗民的灵魂写照。

除了出世高士林逋，生前为理想一意孤行、身后褒贬参半的"拗相公"北宋孤臣（有特立独行人格的臣子）王安石也有著名的《梅花》诗："墙角数枝梅，凌寒独自开。遥知不是雪，为有暗香来。"该诗写出了满腔傲气、忍受孤独和误解仍坚守内美、不放弃自我的形象。王安石笔下的梅花明显带入屈原《离骚》"唯草木之零落兮，恐美人之迟暮"的"香草美人"意味，梅花又有了入世志士的面目和气质。

经历"靖康之变"、宋室南渡，南宋的诗人词客们因为家国身世之感，更爱托物言志，借咏梅花等香草异卉来彰显风骨操守的诗词更多了。终身向往中兴却不得施展壮志的南宋爱国诗人陆游有《落梅》诗两首。其一云："雪虐风饕愈凛然，花中气节最高坚。过时自合飘零去，耻向东君更乞怜。"说经历风雪磨砺而风骨更加凛然的梅花是花中气节最孤高坚忍的，无人欣赏也默默地绽放又凋谢，绝不向东君（春神）乞求怜惜，意境与王安石的梅诗相通。陆游也曾说自己就是梅花："何方可化身千亿，一树梅花一放翁。"（《梅花绝句》）陆游最出名的咏梅词《卜算子·咏梅》被誉为"词中《离骚》"。词人仍以"气节最高坚"的梅花自比，以"无意苦争春，一任群芳妒"写自己的不畏谗言、孤芳自傲，一如《离骚》的"众女嫉余之娥眉兮，谣诼谓余以善淫"。而最后的"零落成泥碾作尘，只有香如故"就是"为有暗香来""过时自合飘零去"，体现了孤高雅洁、甘于寂寞的志向节操，以及虽然对"唯草木之零落兮"即人生在世不得志有疑惧，但仍坚持理想虽不能实现也不放弃的"虽九死其犹未悔"的精神内核。在陆游等人笔下，梅花诗意比拟有节志士的一面得到较大的提升。

南宋诗词以梅比喻雅士高人的传统也在延续，南宋西湖边就有一位很像林逋的隐者、词客姜夔（白石）。姜夔是江湖诗人，迫于生计需要拜谒权贵名臣，所以与林逋一样生前身后毁誉参半，但他清高的人品风骨得到当时大多数人的肯定。姜夔喜欢写野逸幽独的荷、梅，如以林逋"暗香疏影"诗意自创了词调"暗香""疏影"，并写有著名的咏梅词《暗香》和《疏影》。《暗香》云："但怪得竹外疏花，香冷入瑶席……千树压，西湖寒碧。又片片、吹尽也，几时见得。"《疏影》云："篱角黄昏，无言自倚修竹……想佩环、月夜归来，化作此花幽独……重觅幽香，已入小窗横幅。"两者含蓄地抒发了家国之思。梅花的"幽独"高品清韵和其人、其词浑然一体。清末学者刘熙载《艺概》卷四《词曲概》说："姜白石词幽韵冷香，令人挹之无尽。拟诸形容，在乐则琴，在花则梅也。"说姜词情韵醇雅清隽，韵致无穷，如琴中古琴、花中梅花。

到了南宋末年，遗民诗人谢枋得仍有《武夷山中》诗痴痴地说："十年无梦得还家，独立青峰野水涯。天地寂寥山雨歇，几生修得到梅花？"梅花俨然是一位志向不改的志士形象，一位遗世独立的高人形象，一身清瘦寒峭，一派孤傲不屈，一如

图1-5　《梅花诗意图》（局部）　〔宋〕王岩叟　（美国弗瑞尔美术馆藏）

陆游向往的"一树梅花一放翁"。长于天地山水间的梅花，是谢枋得身为遗民磊落坚贞形象的自写我照，与北宋初遗民林逋的雪后水边梅花、北宋孤臣王安石的墙角凌寒梅花、南宋志士陆游的驿边断桥边寂寞成泥梅花、逸士姜夔的竹外幽独梅花血脉相通、遥相呼应。

　　宋代的文化氛围造就了士人如梅般高远的襟怀和峻拔的气节，还酝酿了爱梅、崇梅的雅正审美趣味。梅花没有桃李的鲜丽色彩和秾艳风姿，身姿是清瘦峭拔的，芳馨是清幽淡雅的，"疏影""疏花""暗香""冷香"正符合宋人内敛的审美趣味。北宋苏轼《红梅》诗说"故作小红桃杏色，尚余孤瘦雪霜姿"，北宋李重元《忆王孙·冬》词说"月笼明，窗外梅花瘦影横"，南宋辛弃疾《江神子·博山道中书王氏壁》词说"雪后疏梅，时见两三花"，其《卜算子·寻春作（修竹翠罗寒）》词又说"着意寻春不肯香，香在无寻处"，都突出了梅花的纤瘦、疏离、淡雅、朦胧之美。黄庭坚认为林逋"雪后园林才半树，水边篱落忽横枝"遗貌取神之美为最高级的美。北宋词人叶梦得《临江仙·次韵答幼安、思诚、存之席上梅花》词说"不与群芳争绝艳，化工自许寒梅"，认为梅花不争春却得造化眷顾。两宋之际的女词人李清照《渔家傲·雪里已知春信至》词说"此花不与群花比"。南宋辛弃疾《贺新郎·把酒长亭说》词说梅花能化腐朽为神奇，"剩水残山无态度，被疏梅料理成风月"。其都对梅花的高标韵致极尽赞誉。梅花是宋代审美雅正趣味即宋韵的最具代表的象征之一。

肝胆冰雪

　　南宋名臣、爱国词人张孝祥原籍四川，是唐代诗人张籍的七世孙，生于明州鄞县（今浙江宁波）。他出身于诗书传家家庭，精于理学，喜欢苏轼的诗词并学习模仿。他的诗词中最出名的一首是他被贬谪后在中秋经过洞庭湖所作的《念奴娇·过洞庭》词："洞庭青草，近中秋，更无一点风色。玉鉴琼田三万顷，著我扁舟一叶。素月分辉，明河共影，表里俱澄澈。悠然心会，妙处难与君说。应念岭表经年，孤光自照，肝胆皆冰雪。短发萧骚襟袖冷，稳泛沧溟空阔。尽挹西江，细斟北斗，万象为宾客。扣舷独啸，不知今夕何夕！""孤光自照，肝胆皆冰雪"，说清朗月光映照自己，照出肝胆一片冰清玉洁，呼应月下湖水的"表里俱澄澈"，寓意诗人襟怀坦荡无私如冰雪，彰显了宋代士大夫修炼达到的纯粹无瑕境界，近似唐代诗人王昌龄的"一片冰心在玉壶"（《芙蓉楼送辛渐》）之境，也与王安石的"遥知不是雪，为有暗香来"意境相通。张孝祥在绍兴二十四年（1154）中状元。那场考试他与秦桧之孙秦埙同场，主考官原定秦埙第一，高宗读策论后以为张孝祥有见地有才华，钦定第一。此后张孝祥又为岳飞申冤，因此被秦桧嫉恨，诬陷张父谋反，秦桧死后张父才得平反。张孝祥出仕后，关心国事民生，为官清正，在朝力主抗金除弊，任地方官也有赈灾等善政，还积极地参与隆兴北伐。他虽是主和派汤思退的学生却并不倾向主和，后受排挤退居芜湖讲论理学。可惜英年早逝，逝世时年仅三十七岁。

"肝胆"意象在宋代诗词中常见，借喻人的真心诚意，也作"肝胆相照"。北宋大家曾巩的《送宣州杜都官》诗说"江湖一见十年旧，谈笑相逢肝胆倾"，南宋鄞县诗人袁燮的《送赵大冶晦之》诗说"感君遇我厚，肝胆每倾竭"，都比喻和友人互为知己且坦诚交往。宋代崇尚君子，追求的理想人格如"梅"高洁、如"月"清朗，没有私心，不设心机，不玩权术，待人忠诚真挚，为国事民生披肝沥胆；相处之道也推崇不朋不党的君子之交，"肝胆皆冰雪"。

同属典型宋代士大夫人格的王安石，笔下有"凌寒独自开""为有暗香来"的含蓄傲骨自述，也有"不畏浮云遮望眼，自缘身在最高层"（《登飞来峰》）的自信人格写照，还有与同声共气的友人相约坚持自我的"相期鼻目倾肝胆，谁伴溪山避网罗"（《送孙立之赴广西》）。这些诗篇风格高峻，感慨深沉，凸显出在逆境中不改志向的坚贞。

王安石生前身后评价两极，有人赞美他是为理想牺牲的殉道者，也有人抨击他执拗刚硬的性格缺陷，如不近情理、刚愎自用，更有人认为他推行的新政是祸国殃民的昏招，他是断送北宋江山的罪魁祸首。因为他的小名叫"獾郎"，还编造出他是野獾精的故事。晚年，改革失败，被称为"拗相公（脾气又硬又臭的宰相大人）"的王安石隐居金陵（今江苏南京）。明

图1-6 《王安石像》（传明摹）　[宋]李公麟　（江西省博物馆藏）

末通俗小说集《警世通言》里有一篇《拗相公饮恨半山堂》，写了王安石的后悔，应该只是虚构，他的性子从来都是"虽千万人，吾往矣"（《孟子·公孙丑上》）、"虽九死其犹未悔"（《离骚》），就像他年轻时在浙江时写的《登飞来峰》诗："飞来山上千寻塔，闻说鸡鸣见日升。不畏浮云遮望眼，自缘身在最高层。"

　　诗中的"飞来峰"，一说并非杭州灵隐寺飞来峰，而是越州（今浙江绍兴）宝林山，宋代山上有应天塔。北宋皇祐二年（1050）夏，王安石二十九岁，出任鄞县知县期满的他经过越州。此时的他在鄞县进行了新政试验，正满怀凌云壮志，听闻鸡鸣时分登上飞来峰应天塔的塔顶可看旭日东升，就登塔极目远眺。一时觉天地万物都入襟怀，激发心底以天下为己任的慨然情怀，于是倾吐心声：不怕眼前的层层浮云遮挡视野，我已站在峰巅塔顶，没什么可遮挡我的眼睛，影响我的选择和判断。诗里全是自信孤傲，展现了他高远超俗的抱负和不畏人言的勇气。"不畏浮云遮望眼，自缘身在最高层"，与唐人登高的名句，如陈子昂"前不见古人，后不见来者"（《登幽州台歌》）、王之涣"欲穷千里目，更上一层楼"（《登鹳雀楼》）、杜甫"会当凌绝顶，一览众山小"（《望岳》）的关注点不同，更多地体现了宋代士人的济世情怀。

　　此后王安石书写万言书，进入中央统治集团，大规模地推行新法，将政治理想化为现实，也确实到达"最高层"。虽然后来失败了，但"不畏浮云遮望眼"的执着之心未改。他一生的学问诗文乃至是非功过都在一个"拗"字，早已在他写的诗里，在"不畏"两字中被淋漓地书写了。

黄庭坚也有典型的宋代士大夫人格，其《宣九家赋雪》诗云："皎皎不受尘泥涴。"说纯净的白雪不会被污泥弄脏。又《汴岸置酒赠黄十七》云："黄流不解涴明月。"说混浊的黄河水不能污染清亮的明月。不管命运多坎坷，他的灵魂和傲骨永远是自由轻盈、超逸苦难之上的。正如他晚年写的《雨中登岳阳楼望君山二首》诗所说："未到江南先一笑，岳阳楼上对君山。"一笑中全是傲骨冰心。

神宗熙宁、元丰新政时，黄庭坚多任地方官，未卷入新旧党争。但他来自民间，对新政弊端有清醒的、冷静的认识。北宋元祐年间，变法失败，一些原先依附王安石的小人转而攻击王安石，此时黄庭坚对王安石做出公正评价，反对党同伐异。由此尤其可见他的坦荡人格、磊落风骨。绍圣年间，新党卷土重来，因黄庭坚曾秉笔直书《神宗实录》，被指毁谤先皇。面对诬陷，黄庭坚不折傲骨正气，虽像师友苏轼一样被多次贬谪到涪州、黔州、戎州、宜州等边地，境遇凶险，但能如当年被传中第最后却落第时一样淡定。黄庭坚的家乡江西是佛学兴盛地，他自幼熟读《楞严经》等佛典，又学理学，长大后将佛家、儒家、道家思想融通，所以能以"冰雪肝胆"洞明世情，也能抵御外在的纷扰"市声"。最后，已是老人的他只身一人来到生命的最后一站宜州（今广西河池），当年这里还是蛮荒地。他的名字刻在元祐党人碑上，地方官对他又诸多苛待。他甚至不能住在城内和寺院里，只能住到南门城楼。黄庭坚在《题自书卷后》中记载，虽然住的地方几乎不能遮风雨，市声又嘈杂，人人都以为他"不堪其忧"，他却"不改其乐"。嗜香如命的他焚香而坐，浑然忘了环境的恶劣和生命的苦难。一日下大雨，他还坐卧榻上将脚伸出檐外淋雨，说"吾生平无此快也"。他说自己本是农家子弟，如果没中进士，也是过这种平民生活，所以坦然面对。他也思念家乡亲人，但在《青玉案·至宜州次韵上酬七兄》词里还是说："暮年光景，小轩南浦，同卷西山雨。"就如苏轼在贬谪地说的："试问岭南应不好，却道：此心安处是吾乡。"（《定风波·南海归赠王定国侍人寓娘》）灾难中的豁达、自我宽解都来自内在的阔大胸襟与无私勇气。

"肝胆"寓意襟怀开阔，也寓意勇气、血性。王安石、苏轼、黄庭坚、张孝祥等宋代士大夫都因为正直无私而豁达无惧。北宋词人贺铸《六州歌头·少年侠气》词云："肝胆洞，毛发耸。立谈中，死生同。一诺千金重。"表现宋代文人不缺乏"肝胆相照"的侠气、勇气。南宋温州状元王十朋在《前诗送三乡丈行，虽各献芹，然非所以勉子大夫茂明大对之意，更为古诗一章》中说："徒令天下慷慨士，肝胆一剑生光芒。"另一位南宋浙江诗人陆游也有很多写到"肝胆轮囷"的诗词。陆游曾参加锁厅试被推举为第一名，秦桧孙子秦埙是第二名，于是他也遭到秦桧忌恨。锁厅试是南宋为已有爵禄或已入仕的官宦子弟特别开设的考试。陆游笔下有"独立秋风吹白发，感恩肝胆漫轮囷"（《望永阜陵》）、"床头金尽何足道，肝胆轮囷横九区"（《夜从父老饮酒村店作》）、"与翁虽俱老，肝胆犹轮囷"（《赠洞微山人》）、"老眼还忧不及见，诗成肝胆空轮囷"（《绵州录参厅观姜楚公画鹰少陵为作诗者》）、"耄年肝胆尚轮囷"（《观邸报感怀》）、"关

图1-7　《西园雅集图》（局部）　〔宋〕马远　（美国纳尔逊-阿特金斯艺术博物馆藏）

路谁非观国宾，此君肝胆独轮囷"（《送苏赵叟赴省试》）、"岂知邂逅逢一笑，使我肝胆还轮囷"（《送王成之给事》）、"轮囷肝胆在，白首倚乾坤"（《夜意三首》）、"读书肝胆尚轮囷，蠹简堆中著此身"（《读书》）、"忧时肝胆尚轮囷"（《寄龚实之正言》）、"鸡鸣酒解不成寐，起坐肝胆空轮囷"（《夏夜大醉醒后有感》）、"交旧凋零身老病，轮囷肝胆与谁论"（《灌园》）等诗句，自述或述人肝胆"轮囷"，即勇气过人、气魄雄大。被近代思想家梁启超赞为"亘古男儿一放翁"（《读陆放翁集四首》）的陆游的确当得起"肝胆轮囷"。黄庭坚、张孝祥、陆游等都是宋代爱国、爱民诗人的代表，他们诗词中的肝胆冰雪、轮囷共同构成宋代诗词的高峰。

忠信平生心自许

　　"先天下之忧而忧，后天下之乐而乐"是北宋名臣范仲淹《岳阳楼记》中的名句，体现了他作为宋代仁人志士楷模、士大夫典范的内心自许、现实担当。

　　原名朱说的范仲淹，知道父亲早亡母亲改嫁的身世后毅然离家求学，在书院日夜苦读五年后终于考取功名。当时流传他划粥断齑的故事。范仲淹每天煮一锅稀粥，等凝成冻以后用刀划成四块，早晚各取两块作主食。副食更加简单，几根咸菜即可。他后来拜参知政事，实行"庆历新政"，在王安石之前就推行改革。虽然新政因触动社会积弊受挫，但他去世后仁宗亲书"褒贤之碑"，赠谥号"文正"，在后世还得到从祀孔庙的荣耀。范仲淹是政治家、文学家、理学家，也是慈善家。他兴办的"义庄"是中国历史最悠久的慈善组织。他还是军事家，宝元元年（1038）至庆历三年（1043）以龙图阁直学士经略西北，被羌人、西夏人称为"龙图老子""小范老子胸有十万甲兵"，不敢来犯。西北边民得享太平，民谣歌唱"军中有一范，西贼闻之惊破胆"。他能文能武，能治太平世，也能经略乱世，成为北宋士大夫里最众望所归的人物之一。"出处穷困""布素寒姿"的形象和"先天下之忧而忧""不以物喜不以己悲"的卓然不群人格，以及深远旷达的忧患意识，更使他成为宋以后士大夫心里的完人。《宋史》本传说他是"一代名世之臣"，王安石赞美他是"一世之师，由初迄终，名节无疵"（《祭范颍州文》），宋末学者罗大经说"国朝人物，当以范文正为第一"（《鹤林玉露》乙编卷二），朱熹极赞他是"天下第一流"人物（《朱子语类》卷一二九《本朝三》）。范仲淹最能感染后人的是他以天下为己任，不计个人得失，被不公平对待也保持初心不后悔的品质，正如朱熹《朱子语类》卷一二九《本朝三》说的："且如一个范文正公，自做秀才时便以天下为己任，无一事不理会过。一旦仁宗大用之，便做出许多事业。"《宋史》本传评价他"每感激论天下事，奋不顾身。一时士大夫矫厉尚风节，自仲淹倡之"。宋代士大夫感奋激发讨论天下事奋不顾身，勉力磨炼、崇尚风度节操，都自他开始。范仲淹一生留下三百多首诗词，可见其人格风骨。《依韵答青州富资政见寄》诗是与改革同人富弼的唱和。他以"直道岂求安富贵，纯诚唯欲助清光"赞美富弼施行正道（直道）不求利禄、性情纯朴真诚只为有助朝政（清光），这拿来说他自己也很合适。范仲淹有篇举荐文《举张升自代状》，文中说推荐对象"有忧天下之心，纯诚直道"，也类似自叙自许。

范仲淹始终以"纯诚直道"自勉，诗里多含松梅、月等意象。如《四民诗·士》说："昔多松柏心，今皆桃李色。愿言造物者，回此天地力。"可见他以松柏不媚俗的挺拔清姿、经冬不凋的岁寒心期许天下士子，包括他自己。他还在《岁寒堂三题·君子树》中借物抒怀，诗里的青松"有声若江河，有心若金璧。

图1-8　《范仲淹像》（残本）　〔明〕佚名　（南京博物院藏）

雅为君子材，对之每前席"，是君子的象征。《明月谣》说："月有万古光，人有万古心。此心良可歌，凭月为知音。"写明月，也写君子士大夫的万古心。

范仲淹在被贬谪，理想难以实现时，也难免有失落软弱，但大多数时候他是豁达的、坚定的、乐观的，如他在新政失败被贬出京时写的《出守桐庐道中十绝》（其八）所说"笑解尘缨处，沧浪无限清"，其中有"沧浪之水清兮，可以濯吾缨"之寓意，说自己襟怀坦荡不受境遇影响。《欧伯起相访》说与友人交心出游可解失意郁闷，"万古功名有天命，浩然携手上春台"。送友人、富阳人谢师厚被贬余姚的《送谢景初廷评宰余姚》也说"行行道不孤，明月相随去"，借孔子的"德不孤，必有邻"说明只要德行如月清朗不亏，就一直会有志同道合的同行人肝胆相照而不孤独。

　　范仲淹信奉《让观察使第一表》所说的"儒者报国，以言为先"，即使被打击也坚持直言上谏。他写给诗人梅尧臣的《答梅圣俞灵乌赋》诗云："危言迁谪向江湖，放意云山道岂孤。忠信平生心自许，吉凶何恤赋灵乌。"梅尧臣看到范仲淹因忠言被贬，就写了《啄木》诗、《灵乌赋》文劝他要注意自保，范仲淹却回复了一篇《灵乌赋》，说："宁鸣而死，不默而生。"他还写了这首诗表达了自己不畏吉凶的思想：只要始终忠诚信实、自我肯定，"忠信平生心自许"，纵然被贬也是"道不孤"。"忠信"典出《易·乾·文言》"君子进德修业，忠信所以进德也"，说忠诚信实可增进道德之格，欧阳修《朋党论》也说君子"所守者道义，所行者忠信，所惜者名节"。范仲淹的《斋中偶书》诗云"狂愚多苦口，幽远独甘心"，说自己虽然因"狂愚"被贬谪，但心甘情愿不后悔，也是"忠信"之意。

　　有坚定稳定的内核，有自我认定的坚持，不因外界而变化，如范仲淹所说"忠信平生心自许""不以物喜不以己悲"，是宋代士大夫群体常有的心态，所以他们能在顺境中守护理想，在逆境中守住底线。黄庭坚的"痴儿了却公家事，快阁东西倚晚晴"（《登快阁》），陆游的"塞上长城空自许"（《书愤》）、"位卑未敢忘忧国"（《病起书怀》）、"有谁知，鬓虽残，心未死"（《夜游宫·记梦寄师伯浑》），还有辛弃疾的"了却君王天下事，赢得生前身后名"（《破阵子·为陈同甫赋壮词以寄之》）等都是。

《登快阁》诗的背景是黄庭坚早年在江西泰和任县令，他以平和的、简易的政策治理，即无为而治受到百姓的欢迎。"平易之政"就是苏轼《东坡志林·赵高李斯》中提及的与新政峻急取向不同的"夫以忠恕为心，而以平易为政，则上易知而下易达"之政。黄庭坚在政事之余登江边快阁抒发情志"痴儿了却公家事，快阁东西倚晚晴"，"痴儿"是谦称自己并非大器之才，但还是要先认真做好公家事，履行士大夫的职责。诗最后说"此心吾与白鸥盟"，用了《列子·黄帝》的"鸥鹭忘机（鸥鹭盟）"典故，说自己没有巧诈机心，只有与江上水鸟共飞翔的隐逸之心，比喻不愿卷入官场纷争。"了却公家事"是宋代士大夫在顺境中彰显潇洒自在但内在责任感始终不忘的典型形象，与苏轼以"仕隐"之心在西湖山水间处理公务的"苏公判牍"故事相似却有细微差异。

陆游诗词里表达爱国情怀的情绪激昂、意境壮美的名句有很多，如"呜呼！楚虽三户能亡秦，岂有堂堂中国空无人"（《金错刀行》）、"三万里河东入海，五千仞岳上摩天"（《秋夜将晓出篱门迎凉有感》）等，但最感人耐读的还是他在晚年隐居生活中追忆金戈铁马岁月的记录，那些悲凉无望却坚忍执着的爱国情怀，如"夜阑卧听风吹雨，铁马冰河入梦来"（《十一月四日风雨大作》），"一身报国有万死，双鬓向人无再青"（《夜泊水村》），"塞上长城空自许，镜中衰鬓已先斑""壮心未与年俱老，死去犹能作鬼雄""镜里流年两鬓残，寸心自许尚如丹"（《书愤》），"自许封侯在万里。有谁知，鬓虽残，心未死"（《夜游宫·记梦寄师伯浑》）。"寸心""自许"，前者指渺小的生命或心意，后者指自我认可不舍弃。虽然年华老去，双鬓如雪，壮志难酬，中兴理想成梦，但只要以身报国、万死不辞的寸心还未变，丹心壮心还在，"塞上长城"的自我认定仍然在坚守，陆游就觉得自己还年轻，北伐光复有希望。陆游一生追求中兴不果，看似一直在自许的"塞上长城"（用《南史·檀道济传》典故，"万里长城"比喻能守边的将领）、"封侯在万里"，还有"此身合是诗人未"（《剑门道中遇微雨》）间摇摆，但他始终"位卑未敢忘忧国，事定犹须待阖棺""出师一表通今古，夜半挑灯更细看"（《病起书怀》），去世前还记着"家祭无忘告乃翁"（《示儿》），无愧"亘古男儿一放翁"。

词人辛弃疾写给友人陈亮的名作《破阵子·为陈同甫赋壮词以寄之》词云："了却君王天下事，赢得生前身后名。"也是自许中兴事业的承担者，"了却君王天下事"，与黄庭坚的"了却公家事"都道出士大夫的担当，而梦想是"赢得生前身后名"，光复失地，博得生前和死后的英名。可惜，词的最后一转，是一句"可怜白发生"，也就是陆游的"双鬓向人无再青"（《夜泊水村》），"镜中衰鬓已先斑""镜里流年两鬓残"（《书愤》）。

不管理想能否实现，无论是太平之世还是艰难时世，从北宋到南宋，宋代士人始终自许天下兴亡安危的担当者，坚守"平生仗忠信，尽室任风波"（范仲淹《赴桐庐郡淮上遇风三首》）的精神内核。

丹心汗青

宋代士人坚守风骨如梅，其"肝胆冰雪""忠信平生""先天下之忧而忧"的信念到南宋末年，甚至南宋灭亡后都没有改变。杰出的孤臣遗民诗人、词客有文天祥、汪元量、林景熙、王沂孙、张炎等，他们共同书写了宋末的不朽"诗史"。

文天祥的诗"臣心一片磁针石，不指南方不肯休"（《扬子江》）、"人生自古谁无死，留取丹心照汗青"（《过零丁洋》），还有《正气歌》，都脍炙人口。他还有其他很多爱国诗词也值得牢记，如《酹江月·和友驿中言别》的"镜里朱颜都变尽，只有丹心难灭"，说爱国丹心不变。《赴阙》的"壮心欲填海，苦胆为忧天"，写他告别家人毅然前往临危的都城临安。《满江红·和王夫人满江红韵以庶几后山妾薄命之意》是南宋灭亡后他在流亡过程中与被俘宫中女官王昭仪（清惠）唱和的词。"世态便如翻覆雨，妾身元是分明月"是代王昭仪发言，说纵然世间的人与事像风雨般无常，但我内心坚定决然宛如天上不变的明月。《言志》诗云"以身殉道不苟生，道在光明照千古"，也抒写了在生死关头甘愿舍生取义、与国与民共存亡的忠烈情怀。还有他的《绝命词》，说自己舍生取义是求仁得仁："孔曰成仁，孟曰取义，唯其义尽，所以仁至。读圣贤书，所学何事？而今而后，庶几无愧。"平静安详却掷地有金石声。

曾寓居临安的温州诗人林景熙创作了许多遗民诗。南宋早已灭亡，他的诗中却久久回荡着南宋历史时空的悠远回声，具有"诗史"的意味。林景熙的很多诗都显示了宋人不暇自哀而后人哀之的深刻无奈的历史感，如《山窗新糊有故朝封事稿阅之有感》诗云："何人一纸防秋疏，却与山窗障北风！"说隐居山中的他忽然发现家中新换的窗纸竟是自己当年写的《防秋疏》，即抗元对策，彼时的一腔爱国激情，今日只能做挡"北风"（又可指代北方异族）的窗纸。巨大的落差，回天无力的心痛，化为空寂却浓烈的历史苍凉和反讽。林景熙不是历史的旁观者，而始终是身在其中的亲历者。其坚持，其不甘，千古以来仍让人感同身受。元代蒙古族文人章祖程指出，林景熙与东晋陶渊明、安史之乱中的杜甫一样，都是在乱世中执着地守护着文化。这个说法非常贴切。林景熙《枯树》诗云："倘留心不死，嘘拂待春工。"反用"树犹如此，人何以堪"的典故，用"树心"比兴"人心"，说只要文化不死，春风一吹就会枯木逢春，体现了不灭的文化信念。

德祐二年（1276），南宋在临安的政权覆灭，各地遗民义士继续抗元。祥兴二年（1279）宰相陆秀夫在广东崖山战败后背着少帝投海，林景熙得知消息后，写下悼念殉国英灵的诗《题陆大参秀夫〈广陵牡丹诗卷〉后》，云"南海英魂叫不醒"。他想起了此时还被囚禁的文天祥，仍抱有复国希望，说："世间泪洒儿女别，大丈夫心一寸铁。"（《读文山集》）

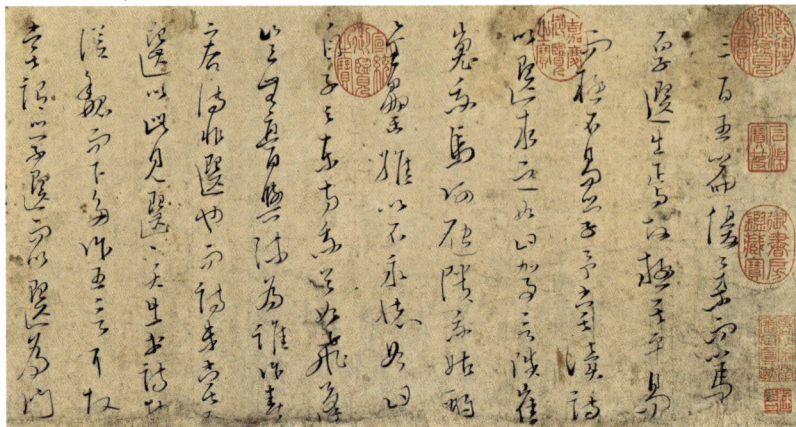

图1-9　《木鸡集序卷》（局部）　〔宋〕文天祥　（辽宁省博物馆藏）

　　文天祥被囚禁时写的《得儿女消息》诗云："痴儿莫问今生计，还种来生未了因。""来生未了因"让人想起陆游当年去世时也有放不下的《示儿》诗："死去元知万事空，但悲不见九州同。王师北定中原日，家祭无忘告乃翁。"陆游去世六十八年后，林景熙写下《书陆放翁诗卷后》，云："来孙却见九州同，家祭如何告乃翁？"这是宋朝遗民诗人最欲哭无泪、哀莫大于心死的悲歌了。天下一统，却不是他们要的"九州同"。来孙本指玄孙之子，这里泛指子孙。陆游孙、曾孙、玄孙都在崖山之战中不屈而死。林景熙的"诗史"之笔侧面叙述了这段历史，成为南宋历史最后的见证。有赖他的忠实记录，南宋人民以血泪铸就的精神、气节永耀千古。后人将林景熙的诗与《离骚》、杜少陵诗相比。

　　遗民文人尤其是词人，将《离骚》咏物言志的传统发扬到极致。如前述谢枋得之"几生修得到梅花",郑思肖《寒菊》之"宁可枝头抱香死,何曾吹落北风中"。他们常用百年前北宋末南渡词人表现"国破山河在"的秋声、孤雁、新月、金瓯缺、破镜重圆、落叶、萤等意象和典故。冬青树、莼、蝉、白莲、龙涎香等意象也被赋予了特殊意义,成为南宋遗民词的独特意象。这些意象的出现与"宋六陵"有关。

"宋六陵"指南宋王陵,位于绍兴的攒宫山。"宋六陵"名为六陵,实有十四陵,其中北宋一帝四后、南宋六帝三后,即哲宗孟皇后陵、徽宗永佑陵(祔郑皇后、邢皇后、韦皇后)、高宗永思陵(祔吴皇后)、孝宗永阜陵(祔谢皇后)、光宗永崇陵、宁宗永茂陵(祔杨皇后)、理宗永穆陵、度宗永绍陵。南宋王朝原定在光复中原后将诸帝遗骨归葬北方,故六陵都用浅埋方式,又称攒宫。元初江南释教都总统杨琏真加为从精神上打击南宋遗民,盗挖了这些陵墓,还用帝王遗骨建镇南塔、行厌胜之术。当时在绍兴词人王沂孙兄长家做客的林景熙悲愤满腔,在义士唐珏、谢翱等协助下,乔装冒死偷出高宗、孝宗的遗骨,以重金找回理宗的颅骨,托名佛经,安葬于兰亭山旁,还移植六陵的冬青树种于其上作为标志。又作《冬青花》和《梦中作四首》记录此事,有"冬青花,花时一日肠九折"之句。以经冬不凋的冬青比喻遗民的坚贞,寓意文化、信仰的长存不灭。此时遗民诗人词家写冬青意象的有很多,如谢翱《冬青树引别玉潜》有"愿君此心无所移,此树终有开花时"之句。林景熙还与遗民词人王沂孙、张炎等结"吟社""汐社"纪念此事。

王沂孙是绍兴词人。张炎祖籍凤翔成纪(今甘肃天水,宋

图1-10 《康熙会稽县志》卷首《图·宋六陵图》 〔清〕王元臣修 〔清〕董钦德等纂 （民国二十五年（1936）绍兴县修志委员会校刊铅字本）

朝郡望），寓居临安（今浙江杭州），南宋"中兴四将"之一张俊六世孙。两人与周密、蒋捷并称"宋末词坛四大家"，都善写咏物词，善用典和比兴、象征、拟人手法。爱国之辞并非只能慷慨激昂，也可以含蓄委婉。张炎有"张孤雁"之称，词中多写孤雁意象，寓意天涯虽大却无处可飞。王沂孙的《眉妩·新月》词以月的盈亏圆缺比喻家国兴衰，抒发了个人身处历史巨变中无可奈何的苍凉宿命感。"看云外山河，还老尽、桂花影"，说自己身为遗民想归去月中乐土，忘却世事纷扰、山河破碎。他还有《齐天乐·蝉》词。宋六陵盗挖现场残留一个前朝后妃宫女的蝉翼形发髻，于是"蝉"被赋予了亡国兴衰之思。他的《水龙吟·白莲》《天香·龙涎香》词也源于"宋六陵事件"。王沂孙的咏物词思想深刻，感情浓烈，无论写什么物都成为他遗民思想情感的承载对象，无怪真正看懂他"晦涩难懂"词的人将他的词比为杜甫的"诗史"。

　　南宋历史的兴亡痕迹、仁人志士的济世情怀、英雄烈士的救亡心史，都殊途同归。"留取丹心照汗青"，沉淀于遗民诗词中。

第二篇

民生各异俗

民不饥寒为上瑞

　　民本思想是中国传统政治思想的重要内容，也是爱国爱民精神的精华。从《尚书》的"民为邦本，本固邦宁"开始，历代诗文中都有体现。宋代士大夫几乎都有刻入骨髓的民本思想，包括与民休戚与共、同忧乐的情怀，急民事、惜民力、与民休养生息以固本的恤民思想。宋代大儒张载的"为天地立心，为生民立命，为往圣继绝学，为万世开太平"（《横渠语录》）是一种高度的哲学概括。宋人诗词里也有许多民本思想的体现。如宋初诗人梅尧臣著名的《汝坟贫女》诗大胆地书写了百姓所受的兵役之苦。其《陶者》诗则表达了深刻的社会批判思想："陶尽门前土，屋上无片瓦。十指不沾泥，鳞鳞居大厦。"

　　范仲淹常引《道德经》的"圣人无常心，以百姓心为心"，说民意是最重要的。他还说"不为良相，愿为良医"（宋人吴曾笔记《能改斋漫录》卷一三《文正公愿为良医》）。他年轻时曾去求签问能否当宰相，签词显示不能后他再次求签并祝祷愿意当个可救民的医生，还叹息生为大丈夫不能利泽苍生一生就没意义了。庆历三年（1043），范仲淹任参知政事，位同副相，提出均公田、厚农桑、减徭役等利泽生民的改革主张，史称庆历新政。其宗旨就是重民、爱民、养民、顺民、济民、乐民。他的爱民理想在诗歌中也有鲜明的体现。如《四民诗·农》"圣人作耒耜，苍苍民乃粒。国俗俭且淳，人足而家给"写农业、农民为国本。《江上渔者》"江上往来人，但爱鲈鱼美。君看一叶舟，出没风波里"怜惜渔民的辛苦，还借《荀子·哀公》"水则载舟，水则覆舟"的民本思想进行讽喻寄托。《依韵答提刑张太博尝新酝》说"长使下情达，穷民奚不伸"，重视下情上达、伸张民意。《依韵和提刑太博嘉雪》说"南阳（邓州）风俗常苦耕，太守忧民敢不诚"，写久旱伤农的焦虑。

欧阳修也是爱民的良相。他提出治民如治病的主张。他说"虑于民也深，则谋其始也精"（《偃虹堤记》），认为爱民深切，为民谋福利才能用心。欧阳修主张"节用以爱农"，也主张"但民称便，即是良吏"。他在扬州、南京、青州等地做官，"不见治迹，不求声誉，宽简而不扰，故所至民便之"（《宋史》本传）。看似无为而治，实则精准为民，与王安石新政的峻急扰民不同。欧阳修的治民看似潇洒散漫，诗里写到的也不多，实则忧民乐民之心一刻不忘。他的《春帖子词》（二十首）说"太史颁时令，农家候土牛。青林自花发，黄屋为民忧""元会千官集，新春万物同。测圭知日永，占岁时时丰"，《青州书事》说"年丰千里无夜警，吏退一室焚清香"，百姓丰年安居就是他的心愿。

苏轼诗里的恤民描述更多一些。《次韵孔毅甫久旱已而甚雨三首》（其一）写了久旱逢甘霖的喜悦，"阴阳有时雨有数，民是天民天自恤"。《荔枝叹》叹息百姓上贡荔枝之苦，说风调雨顺、五谷丰登、国泰民安是最好的祥瑞："我愿天公怜赤

宋朝知政事太子少师谥文忠欧阳公像

论道议事
追韩继陆
归田集古
学问淹博

图2-1　《沧浪亭五百名贤像》之欧阳修像　〔清〕孔继尧绘　〔清〕石韫玉正书赞　〔清〕谭松坡镌

子，莫生尤物为疮痏。雨顺风调百谷登，民不饥寒为上瑞。"《黄楼致语口号》写于他与徐州百姓共同治理洪水建成黄楼后："百川反壑，五稼登场。初成百尺之楼……恭唯知府学士，民人所恃，忧乐以时。"诗的最后说："谁凭阑干赏风月？使君留意在斯民。"说"我"这个"使君"（知州）似乎在高楼上赏风弄月，实则时时刻刻在意"斯民"的苦乐。《蝶恋花·密州上元》词是苏轼刚从杭州知州调任密州所作，此时正是上元节（元宵节）。词中反映了苏轼对密州连年遭遇蝗旱之灾、民生寥落感到怜惜。他上街看灯，"击鼓吹箫，却入农桑社……昏昏雪意云垂野"，透露出他期待"瑞雪兆丰年"的愿望。

到了南宋，士人的爱民之思未曾改变。如陆游的恩师曾几在《苏秀道中自七月二十五日夜大雨三日，秋苗以苏，喜而有作》诗中写自己途中遇雨不愁反而将心比心为百姓大喜："不愁屋漏床床湿，且喜溪流岸岸深……无田似我犹欣舞，何况田间望岁心。"抗金名将李纲有《病牛》诗，云"但得众生皆得饱，不辞羸病卧残阳"，以牛托喻自己的心愿。陆游也有《岁暮感怀》诗写贫富差距、民生多艰："富豪役千奴，贫老无寸帛。"他的《五更读书示子》诗云："万钟一品不足论，时来出手苏元元（百姓）。"教诲孩子高官厚禄无足挂齿，读书成才要记得去挽救苦海里的百姓。张孝祥曾治理荆州水患，还建万盈仓储备漕粮，为北伐和民生做了很多实事。他也有对爱国、爱民心迹的抒写，如《和沈教授子寿赋雪三首》（其三）云："只今斗米钱数百，更说流民心欲折……微臣私忧长郁结。"再如《黄州》诗云："艰难念时事，留滞岂身谋。"

图2-2　楼璹《耕织图》（南宋版）　明天顺六年（1462）摹刊　（日本国立
　　　公文书馆藏）

图2-3　《耕织图》束综提花机和轴架式整经机　〔清〕焦秉贞摹绘　〔清〕玄烨、弘历诗　（东京东阳堂明治二十五年（1892）刊本）

　　除了悯农诗词悲悯"男耕"苦劳，宋代社会的"女织"艰辛，对"蚕妇""织妇"的叹息也都频频入诗。北宋张俞《蚕妇》诗云："昨日入城市，归来泪满巾。遍身罗绮者，不是养蚕人。"此诗深刻地表现了劳动女性的辛酸。南宋这类诗词又增添了新的时代内涵。如南宋江湖诗人刘克庄的《戊辰即事》诗云："诗人安得有青衫？今岁和戎百万缣。从此西湖休插柳，剩栽桑树养吴蚕。"此诗讽刺南宋朝廷每年给敌国进贡的大量丝织品都是百姓血汗换来的。江湖诗人词客作为衰乱之世的中下层文人，科举不遂，沦为幕僚门客，少了北宋士大夫名宦的锐气高风，但直面人生的梅花风骨、冰雪肝胆仍在，以天下为己任的忠信丹心也没变。还因为身处"江湖"之中而非庙堂之上，更加熟悉现实民情。另一位江湖诗人代表、黄岩人戴复古终身布衣，身处下层社会，对百姓之苦更有亲身代入感。他的《庚子荐饥》诗直书百姓遭遇连年饥荒的惨痛之状："有天不雨粟，无地可埋尸。"《织妇叹》是劳动女性劳作终年却一无所获的悲叹："春蚕成丝复成绢，养得夏蚕重剥茧。绢未脱轴拟输官，丝未落车图赎典。一春一夏为蚕忙，织妇布衣仍布裳。有布得着犹自可，今年无麻愁杀我。"诗人对她们有着真切的同情。

宋末英雄诗人文天祥的爱民悯民诗《五月十七夜大雨歌》云："但愿天下人，家家足稻粱。我命浑小事，我死庸何伤！"天下人丰衣足食乃是宋代士大夫的最大心愿，他们为之赴汤蹈火在所不惜，这一理想从未改变过。

都会繁华

　　宋代的都市繁华更胜前朝，城市繁荣和文化兴盛相辉照。很多州城的繁盛，都记录于诗词里，成为历史的底色。如欧阳修曾在大州扬州为官并建城市文化地标平山堂，后来他送友人去扬州为官时作《朝中措·送刘仲原甫出守维扬》，词云："手种堂前垂柳，别来几度春风？文章太守，挥毫万字，一饮千钟。"他的学生苏轼到扬州也作《西江月·平山堂》，词云："欲吊文章太守，仍歌杨柳春风。"扬州"杨柳春风"的城市底色从此与"文章太守"融为一体。

　　除了大州，中小州也较繁荣。欧阳修在青州为官时写的《春晴书事》诗说："晴明风日家家柳，高下楼台处处山。"由诗句可想见当时的太平气象。苏轼有《蝶恋花·过涟水军赠赵晦之》称淮河军事前线要地涟水军（今江苏淮安）："自古涟漪佳绝地。绕郭荷花，欲把吴兴比……左海门前酤酒市。"可比湖州，应该也不差。

　　北宋定都开封共一百六十七年，此时的开封有三重城，人口过百万，富华甲天下，《清明上河图》就是开封繁荣的生动写真。汴水秋声、州桥明月、金池夜雨、梁园雪霁等都是著名

图2-4　《清明上河图》（局部）　〔宋〕张择端　（故宫博物院藏）

的诗意美景。刘子翚《汴京纪事二十首》里的"梁园歌舞足风流，美酒如刀解断愁。忆得少年多乐事，夜深灯火上樊楼""夜月池台王傅宅，春风杨柳太师桥"是北宋灭亡后诗人的回忆之作。梁园、樊楼（丰乐楼）、太傅王黼宅第、太师（蔡京）桥等旧时名胜，灯火歌舞成空，夜月春风仍在。南宋四大中兴诗人之一的范成大在乾道六年（1170）出使金朝，来到成为金国南京的开封，看到标志性名胜州桥和御道天街旁聚集了很多原来的大宋子民，写《州桥》诗表达收复中原的心声："州桥南北是天街，父老年年等驾回。忍泪失声询使者，几时真有六军来？"金朝诗人写的开封也可作为参照。刘祁《南京遇仙楼》诗云："倚天突兀耸高楼，楼上人家白玉钩。落日笙歌迷汴水，春风灯火似扬州。"说开封不输曾是天下最繁华之地的扬州。李汾《汴梁杂诗四首》（其二）云："琪树明霞五凤楼，夷门自古帝王州。衣冠繁会文昌府，旌戟森罗部曲侯。美酒名讴陈广座，凝筝咽鼓送华辀。"此诗也侧面证明战乱后的开封仍很繁华。

　　南宋时繁华如开封、体现"东京梦华"（北宋末孟元老有追忆开封城市风俗人情的《东京梦华录》）的城市是临安（今浙江杭州）。林升《题临安邸》所说"直把杭州作汴州"虽是讽喻，但也说出了临安的繁盛。临安也有丰乐楼、六部桥等。临安在隋代成为州城，在吴越国时成为国都。宋仁宗《赐梅挚知杭州》诗称"地有湖山美，东南第一州"，可见北宋初杭州已是东南大州。苏轼两度来到杭州为官，见证了杭州的发展。他仿唐代杭州地方官、第一个大量写西湖诗词的白居易，将疏浚西湖的淤泥堆积，架六桥，并在夹路植桃柳，建成苏堤，使西湖与城市、市民关系更为紧密。苏轼还写了"西湖虽小亦西子"（《再次韵赵德麟新开西湖》）、"只有西湖似西子"（《次前韵答马忠玉》）、"西湖真西子"（《次韵刘景文登介亭》）等诗句，西湖这个杭州城市园林有了"淡妆浓抹总相宜"（《饮湖上初晴后雨》）的宜游宜人面目。不过苏轼写杭州的诗和林逋一样限于隐士或士人的视角，多写山林少写城市。而柳永写

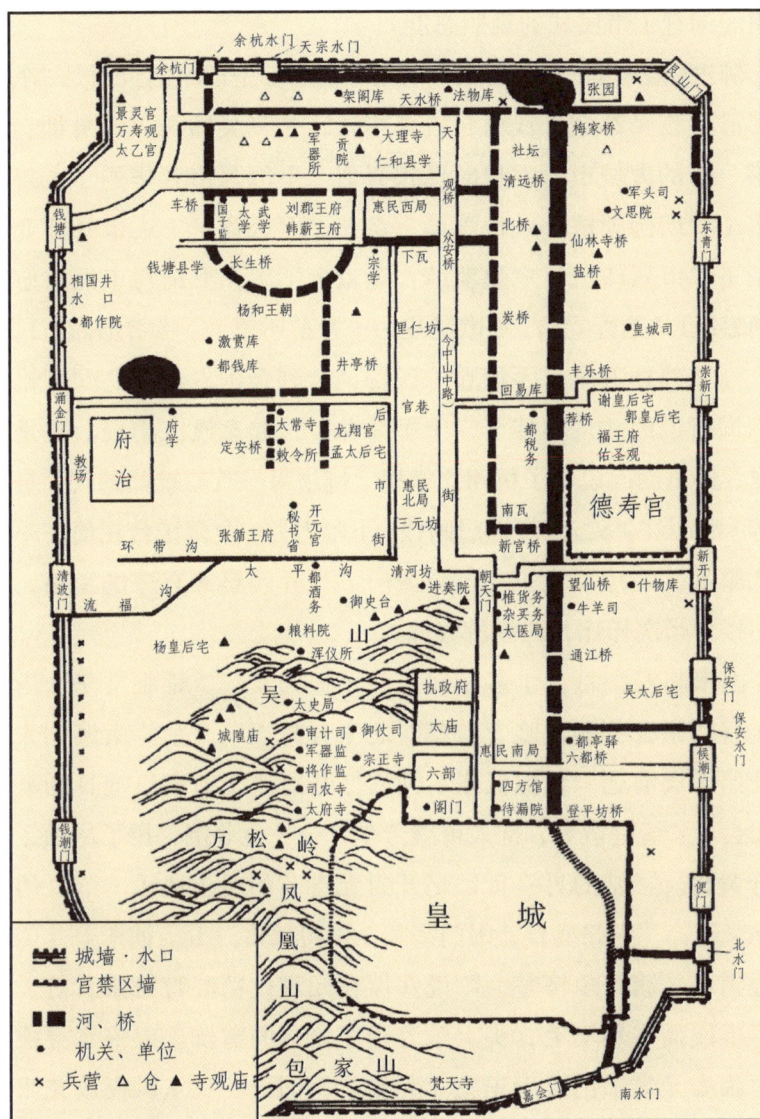

图2-5　《南宋临安城示意图》　（傅伯星、胡安森：《南宋皇城探秘》，杭州出版社2002年版，第18页）

杭州的词有了市民式的观照态度。

柳永《望海潮·东南形胜》词先总括还不是都城的杭州是"东南形胜，三吴都会，钱塘自古繁华"，是三吴即吴兴、吴郡、会稽一带的大城市，五代时已很兴盛。上阕写市容华丽、人口众多（"烟柳画桥，风帘翠幕，参差十万人家"）、市井商业繁荣（"市列珠玑，户盈罗绮，竞豪奢"），下阕写市民嬉游西湖盛况（"羌管弄晴，菱歌泛夜……乘醉听箫鼓，吟赏烟霞"）。罗大经《鹤林玉露》丙编卷一说柳词传到金国，金主完颜亮艳羡柳词所说的"三秋桂子，十里荷花"，起意渡江南侵。这是野史，但也侧面说明了杭州之繁盛。柳永另一首写杭州的词《早梅芳·海霞红》又云："谯门画戟，下临万井，金碧楼台相倚……游人聚散，一片湖光里。"说城门下是开阔整齐有序的街市，华丽楼台鳞次栉比，西湖游客如织。

南宋临安一百五十多年间成就了极致繁荣、耀眼文华。唐代实行坊市分割制，晚上宵禁。北宋开封逐渐开禁。南渡词人李清照《庆清朝·禁幄低张》词回忆开封清明节夜以继日的宴席聚会："绮筵散日，谁人可继芳尘？……金尊倒，拼了尽烛，不管黄昏。"她的另一首回忆开封元宵节的《永遇乐·落日熔金》又云："中州盛日，闺门多暇，记得偏重三五。铺翠冠儿，捻金雪柳，簇带争济楚。"说女性在元宵夜精心打扮来看灯，冠子上嵌插翠鸟羽毛，头上戴着金线捻成的雪柳。南宋辛弃疾有写临安元宵节的《青玉案·元夕》，词云："东风夜放花千树，更吹落、星如雨。宝马雕车香满路。凤箫声动，玉壶光转，一夜鱼龙舞。蛾儿雪柳黄金缕。笑语盈盈暗香去。"车马、鼓乐、灯火、月色交相辉映如梦境，民间艺人载歌载舞演出鱼龙曼衍的"社火"百戏，极尽繁闹。游人中女性头戴饰物争奇斗艳，衣服熏了香，走过后留下隐隐暗香。赏灯看表演笑声不断。社火指庆祝春节等节日的庆典狂欢。南宋诗人范成大在《上元纪吴中节物俳谐体三十二韵》词中提到社火就是民间鼓乐百戏。

宋人诗词中写元宵节"万家灯火"的意象特别多，如北宋王安石《上元戏呈贡父》诗的"车马纷纷白昼同，万家灯火暖春风"，北宋邵伯温《元夕》诗的"万家灯火春风陌，十里绮罗明月天"，南宋曾由基《元夕同友街游》诗的"万家灯火天无夜，十里绮罗风自香"。南宋刘辰翁《宝鼎现·春月》词云"红妆春骑。踏月影、竿旗穿市。望不尽、楼台歌舞，习习香尘莲步底。箫声断、约彩鸾归去，未怕金吾呵醉。甚辇路、喧阗且止。听得念奴歌起"，写临安元宵夜没有执金吾呵禁，红妆佳丽骑马踏月穿过闹市，楼台歌舞望不到头。可见城市繁华，也可见市民包括女性生活的自由多彩。

但繁华现实里总有历史阴影，刘子翚、李清照的缅怀不舍，辛弃疾、刘辰翁的乐不忘忧，都体现了对太平盛世的向往，对战乱的憎恨。南宋词人姜夔《扬州慢·淮左名都》词写战后扬州："过春风十里。尽荠麦青青。自胡马窥江去后，废池乔木，犹厌言兵。渐黄昏，清角吹寒。都在空城。"道尽物是人非的苍凉。

南宋的半壁江山和文化繁荣形成的反差使它在后世常受争论，临安也常被认为是浮华之都、销金锅，南宋雅词则常与柳永词一样被看成靡靡之音。但其实南宋诗词并不都是称颂太平、迷醉享乐的，南渡、中兴、遗民几代诗人都有社会批判精神。

　　"隆兴和议"带来了较长时间的和平和生息，但很多人对现实都有深刻的反思。林升的《题临安邸》诗就讽刺在西湖大兴土木，提醒不要重蹈北宋覆辙。中兴四大诗人之一的杨万里也多讽喻诗。当时西湖周边都是皇家御园和权臣的私人园林，普通百姓不能靠近，所以杨万里说："西湖旧属野人家，今属天家不属他。"（《大司成颜几圣率同舍招游裴园，泛舟绕孤山赏荷花，晚泊玉壶得十绝句》）他写给陆游的《寒食雨中同舍约游天竺，得十六绝句呈陆务观》诗中的一首说："却将荇草分疆界，荇外垂杨属别人！"将西湖荇草蔓生分割湖面比拟为南宋半壁江山的缩影，对君臣安于一隅进行讽刺。

　　到了南宋末，临安与西湖常被人比成误国西施："一勺西湖水。渡江来、百年歌舞，百年酷醉……天下事，可知矣！"（文及翁《贺新郎·游西湖有感》）甚至南宋雅词也担了骂名。其实雅词里多有委婉讽喻，如词人周密《曲游春·禁苑东风外》词的"看画船、尽入西泠，闲却半湖春色"。"半湖春色"正如南宋画家马远、夏圭笔下"一角""半边"的山水，被称"残山剩水"，体现了南宋人对时局的清醒认识。

　　元军南下，词人陈德武有《水龙吟·西湖怀古》词，将南宋将亡归罪于临安之繁华。虽然不公，但也体现其爱国心。词上阕说百年前南渡词人有北伐之志，如今百年过去了，"东南第一名州，西湖自古多佳丽。临堤台榭，画船楼阁，游人歌吹。十里荷花，三秋桂子，四山晴翠"，中兴宏愿被消磨了。

　　南宋灭亡后，遗民仍写了很多回忆和眷恋临安的诗词。张炎《高阳台·西湖春感》词云："断桥斜日归船……万绿西泠，一抹荒烟……但苔深韦曲，草暗斜川。"表达了近似杜甫"国破山河在，城春草木深"的"忆昔"情怀。宋末杭州人吴自牧记写临安市情风物，著《梦粱录》，寓意昔日繁华如黄粱一梦却有不舍，与《东京梦华录》相似。

人间有味

　　随着科举规模的扩大、商品经济的发展，文人群体不断壮大而且下沉到民间，诗词里的人情味、烟火味渐浓。靖康之难后，很多南渡诗人经历苦难，对人世间有了更多的体验。

　　东晋和南朝时中国经济中心南移，中晚唐再度南移，南方社会生活丰富了诗歌表现的内容。到了南宋，南方尤其是江南（东南）、四川等地更是成为诗词表现的重点地区。

　　唐代诗人白居易虽是中原人，但小时候曾随任萧山县尉的父亲久住江南，习惯江南饮食，后又为官杭州，所以才说"江南忆，最忆是杭州"。他的《食笋》诗说来到满山谷春笋的笋乡，每天就以最简单的方法烹调鲜笋，"置之炊甑中，与饭同时熟"；食之不厌，不思肉味，"每日遂加餐，经时不思肉。"北宋苏轼也爱食笋，他在遭遇乌台诗案九死一生被贬长江中下游的黄州后仍记挂江南最常见的鱼笋美味："自笑平生为口忙……长江绕郭知鱼美，好竹连山觉笋香。"（《初到黄州》）苏轼也爱吃肉，因为贬谪黄州钱物不足只能吃比羊肉便宜、吃的人也少的猪肉。宋人以羊肉为美为贵。陆游《老学庵笔记》卷九记载北宋有个科举歌谣与苏轼有关："苏文熟，吃羊肉；苏文生，

吃菜羹。"说苏轼文读得熟可以高中吃上羊肉，读得不熟考不
上只能吃菜羹了。苏轼的《食猪肉》歌谣说："黄州好猪肉，
价贱如粪土；富者不肯吃，贫者不解煮。慢着火，少着水，火
候足时他自美。每日起来打一碗，饱得自家君莫管。"体现了
逆境中的乐观情怀，还有雅俗兼容的豁达情志。吃不上羊肉就
与百姓一起吃满江的鱼、满山的笋，还可以把大家都不吃的猪
肉烧出美味，就与白居易对笋蒸饭吃不厌一样，真味就在普通
食材、简单烧法中。

　　苏轼的诗词里写了很多宋人喜好的食物。如《二月十九日
携白酒鲈鱼过詹使君食槐叶冷淘》里说"青浮卵碗槐芽饼，红
点冰盘藿叶鱼……此生有味在三余"，写了"槐叶冷淘"即凉
拌的槐叶面食和鲈鱼脍即鲈鱼生鱼切片。他所说"此生有味"，
即人生活得有滋味、有情趣和有余（空闲），也与饮食有关。
唐人杜甫也爱鱼脍，有很多"白鱼如切玉"（《峡隘》）之类
的诗句。鲈鱼是宋代诗人最喜欢写的鱼，这与"莼鲈之思"的
诗意典故有关。《晋书·张翰传》和《世说新语·识鉴篇》载，
西晋时张翰在洛阳为官，秋季西风起，他思念家乡吴江（一说
松江，今上海、苏州一带）的菰菜（茭白）、莼菜羹和四鳃鲈
鱼脍等美味，辞官回乡。后人常用这个典故表达隐逸、思乡之情。
北宋杨亿《义门胡生南归》云"归思鲈鱼脍"，范仲淹《江上渔者》
说"但爱鲈鱼美"，欧阳修《初出真州泛大江作》说"莼菜鲈
鱼方有味"，李之仪《书吴江垂虹亭壁》说"他年不为鲈鱼脍"，
刘攽《送刘四畋二首》说"今日鲈鱼脍"，又《九月十日赵令
园饯送王汝州汝州留诗二篇次韵》说"下豉莼丝鱼脍长"。苏

轼的《将之湖州戏赠莘老》也说"吴儿鲙缕薄欲飞，未去先说馋涎垂"。他的另一首词《乌夜啼·莫怪归心甚速》则云"更有鲈鱼堪切脍"。

苏轼爱吃的不只有鲈鱼，身为长在长江上游（岷江）边的四川人，他爱各种淡水鱼。他有一首《杜介送鱼》诗，写开封老友送黄河红鲤鱼，"旧老仍分赪尾鱼"，然后写"小园除雪得春蔬。病妻起斫银丝脍，稚子欢寻尺素书"，模仿杜甫在四川避难时写的《江村》"老妻画纸为棋局，稚子敲针作钓钩"，说妻子做鱼脍和春蔬，同样是身处困境仍努力寻求生活兴味。他被贬到长江边的黄州后，除研究做猪肉外，还以鲫鱼、鲤鱼加白菜心等寻常食材煮鱼羹。其《书煮鱼羹》一文记载，他在黄州东坡煮鱼，客人都称味美，苏轼笑言，大家都穷，所以不挑口味。后到杭州为官，与友人聚餐做鱼羹，客人评说："此羹超然有高韵，非世俗庖人所能仿佛。"

到了南宋，清淡却有味的鱼脍、鱼羹、莼鲈依然是诗人所爱。南渡词人朱敦儒的《水调歌头·偏赏中秋月》说："水精盘，鲈鱼脍，点新橙。鹅黄酒暖。"词人史浩《采莲舞》词说："醇醪只把鲈鱼换。盘缕银丝杯自暖。"范成大《秋日田园杂兴》（十二首）中的第十一首详细地写了在四川为官时学到的鱼脍做法："细捣枨蕌有脍鱼，西风吹上四鳃鲈。雪松酥腻千丝缕……"陆游的《双头莲·呈范至能待制》词是唱和范诗的："空怅望，鲙美菰香，秋风又起。"与辛弃疾《水龙吟·登建康赏心亭》的"休说鲈鱼堪脍，尽西风，季鹰（张翰的字）归未"是一个意思，反典故之意说不愿学张翰放弃中兴大业。

图2-6　《渔乐图》　〔宋〕佚名　（故宫博物院藏）

　　陆游和寓居四川的杜甫、出生于四川的苏轼一样嗜好鱼脍、鱼羹。他爱吃蜀地淡水鱼，如《思蜀》诗说"金齑丙穴鱼"。"金齑"和范成大的"细捣枨齑"意思相近，指将橙、姜切丝做成鱼脍调味品。丙穴鱼就是雅鱼（嘉鱼），吃法和鲈鱼一样，以生鱼片为主。陆游《买鱼》诗也说："两京春荠论斤卖，江上鲈鱼不直钱。斫脍捣齑香满屋，雨窗唤起醉中眠。""斫脍捣齑"

也指用酱料配生鱼片。他的《剑南诗稿》中有一百多首诗词写食物，其中一半写成都食物。如《成都书事》赞笋羹、鱼脍"芼羹笋似稽山美，斫脍鱼如笠泽肥"，说笋羹与家乡绍兴的一样好吃，鱼脍像苏州（笠泽）的一样肥美。陆游晚年回到绍兴隐居，仍爱吃各种鱼，如《初冬绝句》所说"鲈肥菰脆调羹美"。菰是茭白，就是张翰思念的"菰菜"。《幽居》诗云"鱼脍槎头美"，说鳊鱼脍好吃。《秋郊有怀四首》（其一）云"缕飞绿鲫脍，花簇赪鲤鲊"，说鲫鱼脍和腌红鲤鱼好吃。

宋代人爱菰菜、莼羹、笋等各类鲜蔬。苏轼《惠崇春江晚景二首》（其一）云："蒌蒿满地芦芽短，正是河豚欲上时。"说向往春日鲜嫩的江南野菜蒌蒿和芦苇幼芽。他在杭州写的《六月二十七日望湖楼醉书五绝》（其三）又云："乌菱白芡不论钱，乱系青菰裹绿盘。忽忆尝新会灵观，滞留江海得加餐。"生命逆境中勉励自己尝试新水生植物菱角、芡实、菰菜而努力加餐饭活下去。《浣溪沙·细雨斜风作晓寒》词则说："雪沫乳花浮午盏，蓼茸蒿笋试春盘。人间有味是清欢。""春盘"是民间立春习俗，用时令蔬菜果品饼饵等拼盘招待亲友。苏诗中的春盘由水蓼嫩芽、蒿笋等新鲜春蔬野菜组成，体现风情习俗之美，所以他说人间真正有滋味趣味的还是清雅恬适之乐，包括清淡食蔬。陆游《立春前七日闻有预作春盘邀客者戏作》也写立春春盘风俗："蓼芽蔬甲簇青红，盘箸纷纷笑语中。"说春盘中红红绿绿的蓼芽等蔬菜嫩芽（蔬甲）簇集，大家欢笑食用。

虽然有"苏文生，吃菜羹"的说法，吃素菜羹曾被认为是寒酸，但后来经提倡菜羹也被认为是健康养生的饮食，尤其是新鲜菜蔬。南宋诗人苏庠《诉衷情·渔父家风醉中赠韦道士》云："不肯侯家五鼎，碧涧一杯羹……瓮中春色……便是长生。""碧涧羹"是用芹菜、芝麻、茴香等蔬菜制成的菜羹，色彩碧绿，味道清冽，所以称"碧涧"。做鱼羹的苏轼也做过有名的"东坡羹"，用白菜、萝卜、荠菜等鲜蔬加生米糁（碎末）和饭一起蒸，就像白居易把笋和饭一起蒸。苏州人范成大《冬日田园杂兴》（十二首）（其七）云："拨雪挑来踏地菘，味如蜜藕更肥醲。朱门肉食无风味，只作寻常菜把供。"写经雪白菜滋味之肥美，乃至衬得朱门肉食没有滋味。陆游《农圃歌》云："春泥剪绿韭，秋雨畦青菘。放箸有余味，岂不烹嗛吗？"体现此时江南人对蔬菜的推崇。

除菜羹外，宋代也流行吃粥，且样式繁多。曾有朋友劝苏轼晚上喝白粥推陈出新。苏轼《豆粥》诗写于他被贬黄州又离黄赴任汝州途中。在落拓奔劳间，他在旅店喝了一碗民间认为能驱疫鬼的豆粥："地碓舂粳光似玉，沙瓶煮豆软如酥。"米润豆软，他的疲惫身心得到慰藉。他在诗中说"更识人间有真味"。黄庭坚也有《答李任道谢分豆粥》诗云："豆粥能驱晚瘴寒，与公同味更同餐。"称粥里有人间温暖。张耒也和老师苏轼的观点一致，说粥与脏腑相得，最为饮食之良。其《伏暑日唯食粥一瓯尽屏人事颇逍遥效皮陆体》云："邻汲满携泉似乳，新春旋籴米如珠。饱餐馇粥消长夏，况值饥年不敢余。"说用好水、新米煮出的粥可以消暑。范成大《口数粥行》也写腊月吃粥的风俗。宋代腊月二十五，家家烧糖豆粥，每个人都要吃，所以叫"口数粥"："家家腊月二十五，淅米如珠和豆煮。大杓辚铛分口数，疫鬼闻香走无处。"粥不但甜美（"镂姜屑桂浇蔗糖，滑甘无比胜黄粱"），更代表人间的温暖关怀（"全家团栾罢晚饭，在远行人亦留分。襁中孩子强教尝，余波遍沾获与臧"），还可祈福（"新元叶气调玉烛，天行已过来万福。物无疵疠年谷熟，长向腊残分豆粥"）。杨万里写过吃梅花粥事，所谓"脱蕊收将熬粥吃"。陆游写吃粥的诗更多：《村居书事》写他早起喝野蔬粥（"矮瓶煮粥犹难继……晨飧满舍野蔬香"），《玉笈斋书事二首》（其二）写他因为眼睛不好早起喝枸杞药粥（"晨斋枸杞一杯羹"），《病后晨兴食粥戏书》写他在病后更重养生，早上喝粥（"不知自此随缘住，更把晨窗粥几杯"）。《食粥》说他喝粥是因为相信张耒《食粥说》提倡的"宛丘平易法"，即食粥养生法（"世人个个学长年，不悟长年在目前。我得宛丘平易法，只将食粥致神仙"）。陆游一直坚持喝粥养生，如《述意》诗所说"频唤老僧同夜粥，间从邻叟试秋茶"，所以活到八十多岁。江南清淡的饮食偏好和节制、合理、中庸的饮食养生观最能体现宋人"人生有味是清欢"的生命意识和审美取向。

田园杂兴

　　山水田园诗是中国古典诗歌的重要组成部分。唐之前，由于诗人多是庙堂巨子、华族高士，笔下多空寂山林、山林隐者，田园细节少，人间烟火气少。只有陶渊明的田园诗和谢灵运的山水诗等较为生动鲜活。安史之乱后，尤其入宋以后，虽然山水田园诗的写作主体仍是隐居不仕或退居家乡的士人，但受"民胞物与"民本思想的影响，他们对农事的了解加深，对农民劳作苦乐的感受加强，所以很多田园诗写的不再是虚幻的桃花源，而是真实的乡村景物、田园生活。南宋诗词记录的江南农事，更是具体写实、细致入微，可当历史图景看。

　　梅尧臣是北宋初著名诗人，写田园山林很有特色。欧阳修《六一诗话》云，梅尧臣《鲁山山行》最后两句是"人家在何许，云外一声鸡"，全诗未见人迹却可知山中有农家，符合梅尧臣提倡的"状难写之景如在目前，含不尽之意见于言外"的作诗法。梅尧臣的《种胡麻》诗真实地记录了胡麻的种植过程，写乡村生活含有真情。《春日拜垄经田家》的"田家春作日日近……高田水入低田流。桑牙将绽雾露裹，蚕子未浴箱筐收"，真切地反映了寒食节所见农事场景。

图2-7 《耕获图》 〔宋〕佚名 （故宫博物院藏）

　　北宋很多诗人的田园诗已不隔膜、不浮泛，不再像游记。苏轼写于新登（今杭州富阳）农村的《新城道中二首》（其一）云："西崦人家应最乐，煮芹烧笋饷春耕。"说农家为春耕准备的饭菜有芹菜和笋，寓意勤劳勃发。"试向桑田问耦耕"借《论语》典故表达了对农夫的敬意，以及对田园的向往。苏轼较早写有田园词。《浣溪沙·徐门石潭谢雨道上作五首》（其五）云："何时收拾耦耕身？日暖桑麻光似泼，风来蒿艾气如薰。使君元是此中人。"这首词写于为官徐州求雨得雨后。农事顺利，桑麻欣欣，苏轼心情愉快，将自己看作农民中的一员。黄庭坚被贬黔州时曾亲自种地，并乐观地自号"黔中老农"，集白居易等人的田园诗句而成《谪居黔南十首》，写自己躬耕田园的真苦乐。

宋代田园诗的繁荣期还是在南宋。最有代表性的人物要数范成大。他在五十七岁时归隐家乡苏州石湖，曾写田园组诗《四时田园杂兴》（六十首）。按农业时令分为春日、晚春、夏日、秋日、冬日五组，每组十二首七言绝句。内容很丰富，有农耕也有民俗记录。

《春日田园杂兴》（十二首）写初春苏州水乡农事，有写采嫩桑养春蚕的"桑叶尖新绿未成……满窗晴日看蚕生"，江南春天多笋的"邻家鞭笋过墙来"，春天缺水水田灌溉未满的"高田二麦接山青，傍水低田绿未耕"，清明节民俗的"踏歌椎鼓过清明"，春社祭祀土地神活动的"携向田头祭社来""社下烧钱鼓似雷"，寒食节（后与清明合并）扫墓游春的"寒食花枝插满头，蒨裙青袂几扁舟。一年一度游山寺，不上灵岩即虎丘""郭里人家拜扫回，新开醝酒荐青梅"，种植樱桃不易的"种园得果仅偿劳，不奈儿童鸟雀搔。已插棘针樊笋径，更铺渔网盖樱桃"，因为下雨没发生春旱为农民感到喜悦的"今年不欠秧田水"，以蔬菜换盐和酒的农村物物交换的"桑下春蔬绿满畦，菘心青嫩芥苔肥。溪头洗择店头卖，日暮裹盐沽酒归"。一帧帧图景写照无不真实生动。

《晚春田园杂兴》（十二首）写暮春农事，有写采莼菜、水芹嫩芽等水生春蔬江南风俗的"紫青莼菜卷荷香，玉雪芹芽拔薤长。自撷溪毛充晚供……"，水生作物种植的"湖莲旧荡藕新翻，小小荷钱没涨痕……更从外水种芦根""不看茭青难护岸，小舟撑取菰田归"，乡村宁静生活和春茶交易的"鸡飞过篱犬吠窦，知有行商来买茶"，蛙声兆丰年的"薄暮蛙声连晓闹，今年田稻十分秋"，农民辛勤移秧的"晨炊早出看移秧"，养蚕时互不来往的江南蚕俗禁忌的"三旬蚕忌闭门中，邻曲都无步往踪"，赞江南春天饮食之美、和苏轼"正是河豚欲上时"意境相似的"时新鱼菜逐春回。荻芽抽笋河鲀上"，谷雨时节酒成樱桃熟的"……煮瓶浮蜡正尝新。牡丹破萼樱桃熟，……"，儿童养鸭贴补家用的"小童一棹舟如叶，独自编阑鸭阵归"。

《夏日田园杂兴》（十二首）写夏天农事，有写水果丰收与麦子油菜花开的"梅子金黄杏子肥，麦花雪白菜花稀"，再次移秧辛苦的"移秧披絮尚衣单……田水今年一尺宽"，期待丰年的"……田家唤作小丰年。饼炉饭甑无饥色……"，江南蚕桑业繁忙、繁荣但税很重，此年丰收后蚕妇却只能收获最差的黄丝给自己做夏衣，可与张俞《蚕妇》"遍身罗绮者，不是养蚕人"诗意对应的"百沸缫汤雪涌波，缫车嘈杂雨鸣蓑。桑姑盆手交相贺，绵茧无多丝茧多""小妇连宵上绢机，大耆催税急于飞。今年幸甚蚕桑熟，留得黄丝织夏衣"，壮劳力踩水车的劳苦的"下田戽水出江流，高垄翻江逆上沟。地势不齐人力尽，丁男长在踏车头"，反映江南农村全员全方位农作、日夜男耕女织、儿童种瓜的"昼出耘田夜绩麻，村庄儿女各当家。童孙未解供耕织，也傍桑阴学种瓜"（与《春日田园杂兴》里儿童养鸭可相对照），还有农家好客的"黄尘行客汗如浆，少住侬家漱井香。借与门前磐石坐……"。第十一首是全诗的现实阴影投射："采菱辛苦废犁锄，血指流丹鬼质枯。无力买田聊种水，近来湖面亦收租。"写了因为没田地只能去"种水"（种植水生植物）的采菱工人的苦涩和无奈，与蚕农诗的"大眷催税急于飞"可互证。

《秋日田园杂兴》（十二首）写秋天农事，有写农民在收获季节一无所得的苦难与不公、与梅尧臣《陶者》和张俞《蚕妇》诗意相通的"垂成穑事苦艰难……笺诉天公休掠剩，半偿私债半输官"，晒谷入仓时期盼天晴无雨的"秋来只怕雨垂垂，甲子无云万事宜。获稻毕工随晒谷，直须晴到入仓时"，收稻打场的劳作喜悦的"新筑场泥镜面平，家家打稻趁霜晴。笑歌声里轻雷动，一夜连枷响到明"，送优质粮入仓的不舍和所剩无几的无奈的"租船满载候开仓，粒粒如珠白似霜。不惜两钟输一斛，尚赢糠核饱儿郎"（说孩子只能吃些剩下的"糠核"，即粗劣粮食，和《夏日田园杂兴》里蚕妇只能拿劣等蚕丝做夏衣意思相近）。最后几首写以余粮酿酒准备过年的"菽粟瓶罂贮满家"和能补助农耕不足的橘园经济的"唯有橘园风景异，碧丛丛里万黄金"，算是一点安慰。

《冬日田园杂兴》（十二首）写了冬日农闲，有祭祀土地的"厄酒豚蹄酹土公"，湖上看雪的"坐听一篙珠玉碎，不知湖面已成冰"，经雪蔬菜的肥美的"拨雪挑来踏地菘，味如蜜藕更肥酥"，以炉煨酒、以烤火灰烬煨熟芋栗的难得悠闲的"地炉煨酒暖如汤……笑指灰中芋栗香"，冬日酿酒、农村过年比城里热闹的"煮

图2-8 《秋野牧牛图》 传〔宋〕阎次平 （日本泉屋博古馆藏）

酒春前腊后蒸，一年长飧瓮头清。廛居何似山居乐，秫米新来禁入城"，农村乡亲的温暖情感和自足经济的"村巷冬年见俗情，邻翁讲礼拜柴荆。长衫布缕如霜雪，云是家机自织成"。

范成大还有田园词《蝶恋花·春涨一篙添水面》，下阕也写暮春农事苦乐："江国多寒农事晚。村北村南，谷雨才耕遍。秀麦连冈桑叶贱。看看尝面收新茧。"说江南水乡因春寒农事推迟，谷雨时才开犁耕地。不过春麦已成片结穗，桑树茂盛，桑叶价格很低，令人喜忧参半。好在再等等就可以品尝新麦做的面，收新茧了。为农民操心真切入微。范成大对南宋农村的看法是复杂多角度的，处处流露出"同情之理解"。

南宋中兴诗人中的其他几位也写过田园诗。杨万里《过百家渡四首》（其四）云："远草坪中见牛背，新秧疏处有人踪。"《插秧歌》诗写农人一家四口冒雨辛苦协作的景象："田夫抛秧田妇接，小儿拔秧大儿插。笠是兜鍪蓑是甲，雨从头上湿到胛。唤渠朝餐歇半霎，低头折腰只不答。秧根未牢莳未匝，照管鹅儿与雏鸭。"他们不但一起插秧，还要在秧苗根未牢时不让养的小鹅、小鸭伤到秧苗，可与范成大所写小童"独自编阑鸭阵归"相对比，表明江南此时已有成熟的水田套作农业，也体现了农耕依然依靠劳力。陆游《农圃歌》用孔子典故说"我不如老农""我不如老圃"，表达了敬农之意。其《游山西村》的"莫笑农家腊酒浑，丰年留客足鸡豚""箫鼓追随春社近"，描写浙东农村丰收之年的丰足和祭祀土地神祈求丰收的春社鼓乐，体现了对农民丰衣足食的期待。

辛弃疾中年退居江西农村后写了多首写景状物的出色的田

园词。《清平乐·村居》云："大儿锄豆溪东，中儿正织鸡笼。最喜小儿无赖，溪头卧剥莲蓬。"写农家宁静祥和的农耕生活，可与杨万里《插秧歌》、范成大《夏日田园杂兴》相对照。《西江月·明月别枝惊鹊》"稻花香里说丰年，听取蛙声一片"写对丰收的期待。《鹧鸪天·戏题村舍》云："鸡鸭成群晚不收，桑麻长过屋山头。有何不可吾方羡，要底都无饱便休。新柳树，旧沙洲，去年溪打那边流。自言此地生儿女，不嫁余家即聘周。"用通俗的语言写农村生活的自在，与范成大"廛居何似山居乐"意思差不多。《西江月·示儿曹以家事付之》中，辛弃疾以老农身份自居，称"早趁催科了纳，更量出入收支。乃翁依旧管些儿，管竹管山管水"。交代子女说，今后家里交税、收支都由他们负责了，自个儿要管的只有这山、水、竹。

南宋田园诗词更多立足农村，也更多乐在其中、了然于心的田园沉浸感。温州诗人、"永嘉四灵"中的翁卷和徐玑受南宋"永嘉学派"经世致用思想濡染，关注民生。翁卷的《乡村四月》云："绿遍山原白满川，子规声里雨如烟。乡村四月闲人少，才了蚕桑又插田。"写暮春浙南农村风光特色和风土人情。春雨连绵，杜鹃啼鸣。山野一片绿色，是林木也是稻子。春天不旱，河溪涨水，水田也满是白色光影。勤劳的农夫正在忙着养蚕、插秧。徐玑《新凉》诗的"水满田畴稻叶齐"也说水田广袤，稻子整齐。他们都与范成大一样诚实地记录了江南农村的生产场景。

未成小隐聊中隐

　　宋代文化的主流是入世的，虽然也有人崇尚隐居山林、远离人世的小隐，但更多人推崇不重外在姿态的中隐（宦隐、吏隐）、隐于城市融于市井烟火的大隐。

　　中国古代赞赏退隐守志的隐士，西晋时有很多"招隐诗"其实是"反招隐诗"，反对朝廷召唤文士离开山林去朝堂。《世说新语·排调》记载，名臣谢安出山出仕，有人送他草药远志。因为远志又名小草，这是讽谏他"处则为远志，出则为小草"，说他隐居是有大志，出仕就成庸人。南朝绍兴人孔稚珪还写了《北山移文》讽刺出山出仕的假隐士周颙。不过到了宋代，士大夫奉行"以天下为己任"，他们虽然仍向往自由隐逸，却很少有人去当离群索居、独善其身的消极隐士，而愿意更加圆融通达地看待仕与隐。"先天下之忧而忧，后天下之乐而乐"，"穷则独善其身，达则兼善天下"，出世入世、出仕退隐不再是两极对立的，小隐与中隐、大隐可以是生命中不同阶段互相切换的状态。

　　其实早在魏晋时，就有王康琚《反招隐诗》云："小隐隐陵薮，大隐隐朝市。"说大隐、小隐都是隐。陶渊明《饮酒》诗云："结庐在人境，而无车马喧。问君何能尔，心远地自偏。"也指出隐居在心不在外在环境。中唐时白居易更有《中隐》诗，说："大隐住朝市，小隐入丘樊。丘樊太冷落，朝市太嚣喧。不如作中隐，隐在留司官。"说小隐、大隐都有不足，一个太消极，一个太入世，不如做个闲官，持中庸的人生态度。宋代很多人都同意白居易的观点。如苏轼《夜直秘阁呈王敏甫》诗云："大隐本来无境界，北山猿鹤谩移文。"说隐逸本无形式，《北山移文》的褒贬太绝对。黄庭坚写给苏轼的《古诗二首上苏子瞻》也说："小草有远志，相依在平生。"说出仕为民谋利和隐居山林没必要对立。北宋诗人谢景初是梅尧臣发妻谢氏的外甥，也是黄庭坚继室谢氏的父亲，黄庭坚写给他的《和师厚栽竹》诗说"大隐在城市"。北宋理学家陈襄《潘家山同章衡诸生饮次行令探得隐君子为章衡》诗也说"大隐廛市间"。可见他们认可大隐的共识。北宋末，苏轼同乡、与黄庭坚齐名的诗人陈与义《同叔易于观我斋分韵得自字》诗云"小草浪出山，大隐乃居市"，又《谨次十七叔去郑诗韵二章以寄家叔一章以自咏》诗云"市朝大隐正陶然"，仍推崇大隐。到了南宋，名臣诗人周必大《又次韵二首》说"大隐聊城市"。江湖诗人刘克庄《和季弟韵二十首》说"小隐山林大隐廛，市尘吹不到书边"，认为大隐和小隐无差别。道家诗人白玉蟾《寄王察院三首》说"大隐从来在朝市"。可见宋代大隐观念普及。

宋人通脱不拘，出入小隐、中隐、大隐之间，以平衡自己出仕为天下、退隐保全自我间的矛盾。谢景初父亲、北宋初名臣谢绛是梅尧臣的妻兄，有《答梅圣俞问隐》诗云："圣俞一幅书，问我小隐居。小隐讵有异？筑室数亩余。岩峦不峻崒，

图2-9 《三高游赏图》 〔宋〕梁楷 （故宫博物院藏）

田园非美腴。"说自己小隐于山林田园间。到了南宋，中兴诗
人范成大、陆游也都曾小隐。范成大的《次韵马少伊、郁舜举
寄示同游石湖诗卷》说"得得来题小隐诗"，得得是象声词，
表达怡然自得之意，可见他小隐家乡石湖很惬意。陆游《小隐》
诗云："小隐在江干，茆庐亦易安。"说小隐江边茅屋也感安
适自在（易安）。

北宋初著名隐士、一生隐居西湖孤山的林逋到底是不是隐士，是小隐还是大隐曾有争议。他与范仲淹等交往，真宗曾赐他粮帛还让官员去看他，仁宗在他去世后赐谥"和靖先生"，所以有人怀疑他沽名钓誉。林逋《深居杂兴六首》诗说自己"未似周颙少贞胜，北山应免略相衔"，不是《北山移文》里的假隐士。他晚年在孤山自造坟墓，还作诗云"茂陵他日求遗稿，犹喜曾无封禅书"，说一生布衣处士，无愧于世，并非走终南捷径之徒。明人张岱《西湖梦寻》说元恶僧杨琏真加盗掘林逋墓，见陪葬物只有端砚一方、玉簪一枚，时人（一说是元代隐士王冕）有"生前不系黄金带，身后空余白玉簪"赞美林逋是真处士。林逋也有《小隐自题》自证云："竹树绕吾庐，清深趣有余。"茅屋竹舍，独守山色空寂、湖光空明。不过身为北宋士人，林逋并非不通世事、独善其身者。名臣范仲淹与他是忘年交，有《寄赠林逋处士》诗赞美他是"逸人（隐士）"，说他"玉田耕小隐"，不过范仲淹施行庆历新政的万言《上执政书》就有林逋的思想痕迹在。范仲淹也推许林逋是"山中宰相"（《和沈书记同访林处士》），还赞美他"风俗因君厚，文章至老淳"。诗人梅尧臣也与林逋交好，著有《对雪忆往岁钱塘西湖访林逋》诗，说曾冒雪访林逋小隐之地（"折竹压篱曾碍过，却穿松下到茅庐"），林逋以《世说新语》中王子猷雪夜访友人戴逵的默契比拟两人友情。林逋去世后，梅尧臣为他写了《林和靖先生诗集序》。北宋两位诗坛领袖欧阳修和苏轼也都景仰林逋。欧阳修在《归田录》中感慨："自逋之卒，湖山寂寥。"苏轼《书林逋诗后》诗说："先生可是绝俗人，神清骨冷无由俗……

遗篇妙字处处有，步绕西湖看不足。"南宋时林逋已和推崇中隐的白居易、苏轼合称西湖三贤。

宋代学白居易的人比学林逋的多。白居易提倡的中隐（宦隐、吏隐）在宋代已成通识，而且并不局限于仕途不顺只能当小官、小吏的人，被贬谪、仕途暂时失利或仍居高位但被闲置、奉祠居官的都自称吏隐。所以几乎每个宋代诗人都有写自己或友人中隐的诗。范仲淹近六十岁时因新政失败出任邓州知州，由"居庙堂之高"变为"处江湖之远"。其《寄安素高处士》诗说自己"吏隐南阳味日新"，于无奈中显露他一贯坚持的豁达、倔强、进取。他被贬谪桐庐时也写有《桐庐郡斋书事》，说自己"吏隐云边岂待招？数仞堂高谁富贵，一枝巢隐自逍遥"，还宽慰自己"莫道官清无岁计，满山艺术长灵苗"。吏隐清贫，一年俸禄没结余，但幸有满山药材可取，这与小隐生活没什么区别。王禹偁也有"我今方吏隐，心在云水间"（《游虎丘》）、"郡僻官闲昼掩门"（《日长简仲咸》）、"伴吟偏称作闲官"（《官舍竹》）等诗句，描述自己的吏隐生涯。视陶渊明为偶像的欧阳修晚年自请去小州颍州为闲官就是为了中隐。已六十一岁的他听说沂州知州卢士宗致仕，写了《闻沂州卢侍郎致仕有感》诗："蹉跎归计荒三径……颍上先生招不起，沂州太守亦归来。自愧国恩终莫报，尚贪荣禄此徘徊。""三径"用西汉蒋诩隐居不出、三径皆荒的典故，陶渊明写自己隐逸的《归去来兮辞》有"三径就荒"名句，欧阳修说自己这个颍上先生不受招隐，正如沂州太守归去来兮。欧阳修还强调，之所以选择中隐，是因为顾念国家人民之心还未死。其《表海亭》诗说"安得柴车自驾还"，也是用陶渊明典故表达游走中隐、小隐之间。苏轼表兄弟文同《守居园池杂题·吏隐亭》诗云："竹篱如鸡栖，茅屋类蜗壳。静几默如禅，往来人不觉。"表达安于中隐的内敛守拙。他还有《北斋雨后》诗云："野兴渐多公事少，宛如当日在山家。"苏轼有写给文同的和诗《和文与可洋川园池三十首·吏隐亭》诗云："纵横忧患满人间，颇怪先生日日闲。"隐隐地流露出不得不中隐的激愤不甘。苏轼《中隐堂诗五首》（其一）最后说"退居吾久念，长恐此心违"，可见他与范仲淹、欧阳修一样内心很矛盾。

苏轼被贬到杭州后，有了醉卧湖山而中隐的机会。其《六月二十七日望湖楼醉书五绝》（其五）云："未成小隐聊中隐，可得长闲胜暂闲。"说不能小隐长闲，中隐暂闲也好，这是豁达也是无奈。苏轼常于公务闲暇与僚友在西湖上诗酒唱和。当时官员出游要摆仪仗，他素来不喜规矩，也为不扰民，就让随从抬空轿行走，自己只带一二人。或泛舟湖上，或登岸徜徉灵隐、天竺群山间。南宋王明清《挥麈后录》卷六载，苏轼春日约客游湖，常先让诗友各自在湖上驾小舟漂游，到时鸣锣一同去白居易建的孤山竹阁或吴越国时建的圣湖亭聚会唱和。晚上踏上归城路，正是华灯初上、西湖夜市未散之时，百姓都以灯烛相照，夹道争看他们的骑队。这样的中隐，与当年林逋以鹤召唤诗友漫游湖山的小隐也没什么区别。苏轼还常将办公务的公案（桌子）设在葛岭十三楼或灵隐飞来峰下冷泉亭。完事后撤掉公文案卷，与僚友一起饮酒吟诗。这就是与白居易"白傅留诗"齐名的"苏公判牍"的故事。苏轼《南歌子·游赏》词云："山与歌眉敛，

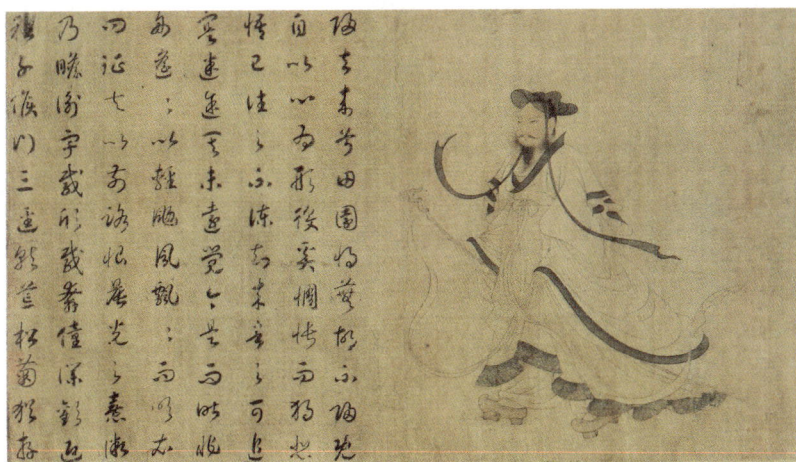

图2-10　《归去来辞书画卷》（局部）　〔宋〕佚名　（美国波士顿艺术博物馆藏）

波同醉眼流。游人都上十三楼……谁家《水调》唱歌头？声绕碧山飞去、晚云留。"就是写这种宦隐风流。它与东晋时王谢的"兰亭雅集"曲水流觞唱和、脚踏"谢公屐"写山水诗的中隐风气遥相呼应。

　　到了南宋，中隐、大隐更是蔚然成风。南宋名臣周必大的《次七兄韵题二兄静明阁》就说"市朝间阔聊中隐"。此时南宋权贵名流都在西湖旁建园林隐居，与北宋隐士林逋的孤山小隐茅屋大不相同，体现了推崇中隐、大隐的态度。陆游《寓叹》诗乃说："小隐终非隐，休官尚是官。"又《初春遣兴三首》（其二）也说："大隐悠悠未弃官，俸钱虽薄却心安。"并在诗序里说明自己不放弃为官，是"始于志退休而终于惓惓许国之忠，亦臣子大义也"。与北宋前辈心态一般。

第三篇

闲适以遣兴

浮生难得是清欢

　　宋人是勤奋上进的，欧阳修曾有读书"三上"论，所谓枕上、马上、厕上，利用一切零碎时间。但宋人也是讲究闲情的，如苏轼《二月十九日携白酒鲈鱼过詹使君食槐叶冷淘》诗所说"醉饱高眠真事业，此生有味在三余"，说人生有滋味趣味在于有空闲时间"三余"可进行"醉饱高眠"的休闲。"三余"指"冬者岁之余、夜者日之余、阴雨者时之余"。冬天是一年的空闲阶段，夜晚是一天的空闲时间，雨天是时令季候的空闲日子。古代农耕社会的冬天、夜晚、雨天作为农闲季节、不宜劳作的时间，适合休息休闲。当然这些时间除了吃饱喝足睡得好（醉饱高眠），如范成大《冬日田园杂兴》诗写农闲时悠闲地喝酒烤芋栗"地炉煨酒暖如汤……笑指灰中芋栗香"外，还有更雅致、更有审美情趣的休闲活动。苏轼《浣溪沙·细雨斜风作晓寒》词云："雪沫乳花浮午盏，蓼茸蒿笋试春盘。人间有味是清欢。"记录他与友人在初春（仍属岁之余）雨天（时之余）郊外春游，中午时喝上一杯浮着雪沫乳花的清茶，品尝时令野蔬蓼芽蒿笋做的春盘，领悟到人间真正有品味、有回味的是"清欢"。这是宋人的普遍认识。北宋汪洙家喻户晓、口口相传的《神童诗》

组诗中也有一首写休闲清欢："诗酒琴棋客，风花雪月天。有名闲富贵，无事散神仙。"在有微风、鲜花、明月、白雪的宜人天气里，与知己朋友吟诗、饮酒、弹琴、下棋，有闲无事就是人间神仙。

　　"清欢"一词在宋人诗词里常出现。北宋王禹偁《官舍竹》诗"声拂琴床生雅趣，影侵棋局助清欢"，写竹影映在棋盘上，平添清雅趣味。黄庭坚《鹧鸪天·座中有眉山隐客史应之和前韵，即席答之》词云："身健在，且加餐。舞裙歌板尽清欢。"说只要人健康长寿，且努力加餐饭，就可以歌舞尽欢。朱敦儒《浣溪沙·风落芙蓉画扇闲》词云："好把深杯添绿酒，休拈明镜照苍颜。浮生难得是清欢。"写不要为衰老哀伤，尽情饮酒吧，无常人生难得有安宁。陈与义《十月》诗云"且求浊酒寄清欢"，也说要以饮酒的方式寄托快乐。"清欢"可以是尽兴完满的，也应当是有节制的。可以故意留有缺憾，期待以后补充完满。"清欢"一词最初出自唐人笔记《云仙杂记·少延清欢》中的陶渊明故事，说陶渊明好酒又穷困，在太守送的醇酒中加入高粱水，希望能多喝几日，即"少延（湦）清欢数日"，让"清欢"多延续几天。北宋理学家邵雍《名利吟》诗说："稍近美誉无多取，才近清欢与剩求。美誉既多须有患，清欢虽剩且无忧。"北宋末女词人朱淑真《点绛唇·冬》词说"少饮清欢"，南宋末词人陈允平《红林擒近·寿词·满路花》说"对此频胜赏，一醉饱清欢。呼童剪韭，和冰先荐春盘。怕东风吹散，留尊待月，倚阑莫惜今夜看"，都表达了安宁永存的愿望，所以对欢乐享受保持克制节制态度。宋人的"清欢"观念特别讲究中和理性不过度。

图3-1 《溪旁闲话》 〔宋〕佚名 （台北"故宫博物院"藏）

　　很多诗词虽然没直接提到"清欢"，其实也以雅俗共存的意象表达了对闲适"清欢"审美韵味的肯定。如北宋初诗人梅尧臣在家乡宣城郊野春游，有《东溪》诗云："行到东溪看水时，坐临孤屿发船迟。野凫眠岸有闲意，老树着花无丑枝。"野鸟、老树虽是寻常景物，但带着闲情看都是美景，就是苏轼被贬黄州后写的《临皋闲题》说的"江山风月，本无常主，闲者便是主人"。夏日有时与冬日一样被看作"三余"。北宋王安石《午枕》诗"午枕花前簟欲流，日催红影上帘钩"，苏轼《南堂五首》（其五）"扫地焚香闭阁眠，簟纹如水帐如烟"，蔡确《夏日登车盖亭》诗"纸屏石枕竹方床，手倦抛书午梦长。睡起莞然成独笑，数声渔笛在沧浪"，苏舜钦《夏意》诗"别院深深夏席清，石榴开遍透帘明。树阴满地日当午，梦觉流莺时一声"，南宋杨万里《闲居初夏午睡起二绝句》诗"日长睡起无情思，闲看儿童捉柳花""偶欲看书又懒开"，都写夏日午间漫抛诗书、美梦悠长的悠闲自在清欢。范成大《丙午新正书怀十首》（其三）的"身闲一日似两日……午窗唯有睡魔知"写春日午睡之闲。陆游《雨中熟睡至夕二首》（其二）云："世上纷纷荣辱多，不如睡中差省事。小儿忽报煎茶熟，起拥寒炉究余味。"写在雨中恬梦到黄昏醒来围炉饮茶的清欢。又《嘉定己巳立秋得膈上疾近寒露乃小愈十二首》（其六）云："半饥半饱随时过，无客无书尽日闲。童子贪眠呼不省，狸奴恋暖去仍还。"写没有客人懒得读书的尽日闲散、半饥半饱的顺其自然（随时过）、养猫（狸奴）自娱的快乐。其《排闷》云："闲游野寺骑驴去，倦拥残书听雨眠。"写骑驴漫无目地闲游和雨天边读书边睡的闲趣。《游山西村》最后两句"从今若许闲乘月，拄杖无时夜叩门"写踏月色闲游。陆游有不少名为《闲适》（或名《排闷》《遣兴》）的诗。有一首云："朝读易一卦，时钞史数行。花开聊把酒，睡起独焚香。寂寂市声远，悠悠村日长。吾衰尚何恨，儿女解

图3-2 《萱草游狗图》 传〔宋〕毛益 （日本大和文华馆藏）

耕桑。"写他晚年隐居家乡没有遗憾、静谧悠长地读书、赏花、饮酒、焚香的生活。另一首云："饮酒不至狂，对客不至疲。读书以自娱，不强所不知。一窗袖手坐，往往昼漏移。初非能养生，简事颇似之。四时俱可喜，最好新秋时。柴门傍野水，邻叟闲相期。"写他晚年有节制的养生休闲生涯，饮酒不多，对客不累，读书不强求读懂深意，只是自娱，袖手静坐就是半日，四季都值得欢喜，与邻家老叟相约共享长寿。

关于休闲养生，朱敦儒《朝中措》词说得好："先生馋病老难医。赤米餍晨炊。自种畦中白菜，腌成瓮里黄齑。肥葱细点，香油慢炒，汤饼如丝。早晚一杯无害，神仙九转休痴。"

平衡节制的饮食、顺其自然的生活方式是最好的养生长寿法。范成大《朝中措》词云："身闲身健是生涯。何况好年华。看了十分秋月，重阳更插黄花。消磨景物，瓦盆社酿，石鼎山茶。饱吃红莲香饭，侬家便是仙家。"说闲适率意是养生要义，与陆游《闲适》诗意相通。辛弃疾《临江仙·钟鼎山林都是梦》词说得更透彻："钟鼎山林都是梦，人间宠辱休惊。只消闲处遇平生。酒杯秋吸露，诗句夜裁冰。"说小隐（山林）大隐（钟鼎）到头都是虚无，荣辱也不必在意，以闲适过一生最好。所以，宋人的"清欢""闲适"就是其中庸适意审美生活态度的典型写照。

骑驴行舟

宋代疆域虽没有唐代广阔，但两个朝代的诗人喜爱壮游天下的诗意豪情没差别。宋代行旅诗词中较有特色的意象是陆游《剑门道中遇微雨》所写的"细雨骑驴入剑门"和苏舜钦《淮中晚泊犊头》所写的"晚泊孤舟古祠下"。

"骑驴"是宋代诗人喜欢写的题材。唐诗里多写骑马，宋代也有写骑马的，如王禹偁《村行》诗开首说"马穿山径菊初黄，信马悠悠野兴长"，郑獬《行旅》诗说"卷衣上马去骎骎（疾跑）"。不过宋代是崇文盛世，清瘦的白衫青驴形象更适意于士人，慢悠悠的骑驴节奏也更适合寻找闲适诗意。钱锺书《宋诗选注》提及宋诗多写驴，还说驴是"诗人特有的坐骑"。

较早写骑驴吟诗形象的是唐代诗人孟浩然，他常冒雪骑驴寻梅，还说"吾诗思在灞桥风雪中驴背上"（一说这是郑綮说的）。同时代的诗人王维画了《孟浩然雪中骑驴图》。之后杜甫、李贺、贾岛等诗人都常骑驴出门寻灵感，贾岛就是骑驴吟着"僧敲月下门"遇到韩愈的。到了宋代，骑驴更是诗人风雅的体现。苏轼《大雪青州道上有怀东武园亭寄交孔周翰》诗"又不见襄阳孟浩然，长安道上骑驴吟雪诗"，范成大《枕上闻雪复作，

图3-3 《寒林骑驴图》 〔宋〕李成 （美国大都会艺术博物馆藏）

方以为喜，起岩再示新诗，复次韵》诗"谁子骑驴吟灞上"，
突出苦吟诗人的本色外，还着意表现不得志者的落拓江湖身世。

北宋诗人笔下的"骑驴"多与"骑马"对比，体现诗人的穷愁，
如早年还未归隐孤山、到处奔波谋生的林逋有"诗怀动叹嗟，
驴立帽阴斜"（《出曹州》）、"驴仆剑装轻"（《汴岸晓行》）、"村
落人家总入诗，下驴盘薄立多时"（《秋日含山道中回寄历阳
希然山人》）等。苏轼《次荆公韵四绝》（其三）"骑驴渺渺
入荒陂"写王安石变法失败后的晚年生活，寂寥清寒的背影象
征着王安石的处境。苏轼自己被贬后，也曾骑瘦驴感慨行路难：
"往日崎岖还记否，路长人困蹇驴嘶。"（《和子由渑池怀旧》）
苏门弟子陈师道的《赠知命》说"白衫骑驴惊市人"，另一位
诗人张耒的《赠柘城簿王微之》说"诗成贾岛独骑驴"，都以"骑
驴"叹息诗人的困顿。

到了南宋，由于疆域缩小，生存境遇更加艰难，"骑驴"
更多地体现了士人漂泊江湖的身世飘零、风尘落拓感。从小立
志要当中兴英雄却只能大半生隐居家乡的陆游，屡屡自嘲"塞
上长城空自许"。"此身合是诗人未？细雨骑驴入剑门"是他
在四川从军幕中所写，他感慨自己也许此生只能做个诗人。骑
驴行走在蜀地山间，更加深了他的诗人认同感和失落感。唐代
诗人杜甫、韦庄等都曾因乱世入蜀，晚唐浙籍诗僧贯休也曾因
战乱骑驴入蜀，骑驴入蜀很容易营造江湖飘零之感。陆游的另
一首《独孤生策，字景略，河中人，工文善射，喜击剑，一世
奇士也。有自峡中来者，言其死于忠涪间，感涕赋诗》诗云"忆
昨骑驴入蜀关"，也提及此事。陆游诗里还有好多"骑驴"意象，

如"烧兔驿亭微雪夜，骑驴栈路早梅时"（《偶怀小益南郑之间怅然有赋》）、"闲游野寺骑驴去"（《排闷》）、"即今山市醉骑驴"（《遣兴》）、"荒圃风烟入荷锄，孤村巷陌看骑驴"（《自诒》）、"归老何妨驾鹿车，平生风雪惯骑驴"（《归老》）、"天津笑我醉骑驴"（《读书》）、"骑驴两脚欲到地，爱酒一樽常在旁"（《自嘲》）、"江头霜叶满，诗兴属骑驴"（《戏作野兴》）、"关路骑驴半醉醒"（《闻西师复华州》）、"莫辞剩买旗亭酒，恐有骑驴李白来"（《题道傍壁》）、"天津桥上醉骑驴，一锦囊诗一束书"（《还家》）。骑驴配上风雪、梅花、酒壶、放诗句的锦囊，就成了孟浩然、杜甫、李贺、贾岛一样穷愁漂泊的诗人。

陆游之后，南宋中后期有很多为生计奔波但不乏隐者格调的江湖诗人，骑驴行走、既漂泊又孤高的诗人形象很适合他们。刘克庄《诸人颇有和余百梅诗者各赋一首》云："雪里骑驴非俗格，茶边放鹤有家风。"借林逋雪里骑驴、茶边放鹤写江湖诗人不缺风骨。又《自警》云："倚马纵允挥万字，骑驴尚足课千诗。"写骑驴寻诗意的趣味。余姚诗人高翥《孤山雪后》诗云："雪后骑驴行步迟，孤山何似灞桥时。"借唐人灞桥故事、林逋孤山传说写江湖诗人的清雅诗意。周紫芝《渔父词》"解印归来暂结庐。有时同钓水西鱼。闲著屐，醉骑驴"写隐居的闲散，赵蕃《涧铺岭》诗"骑驴觅句能"写漫游产生诗意。刘过《谒江华曾百里》"鬓发已皤非故吾，依然破帽老骑驴"、何梦桂《赠边县尹》"化山应得老骑驴"、林昉《迁居》"破帽老骑驴，霜风落木初。江湖难独立，贫病又迁居"，更多地写了飘零穷困的苦涩。戴复古的骑驴诗更为典型。其《都中书怀呈滕仁伯秘监》诗"一饥驱我来，骑驴吟灞桥"，《春日二首呈黄子迈大卿》诗"野人何得以诗鸣？落魄骑驴走帝京"，清晰地刻画了因为穷愁所以骑驴漫天下博取名声的江湖诗人生活。邹登龙写戴复古的《戴式之来访惠〈石屏小集〉》诗云："诗翁香价满江湖……瘦似杜陵常戴笠，狂如贾岛少骑驴。"说他是诗人，穷苦而多才如同唐代骑驴的杜甫、贾岛。

宋人写诗爱讲理，宋末丽水诗人真山民的长诗《陈云岫爱骑驴》更将"骑驴"上升为人生哲理："君不学少陵骑驴金华春，一生旅食长悲辛。又不学浪仙骑驴长安市，凄凉落叶秋风里。却学雪中骑驴孟浩然，冷湿银镫敲吟鞭。梅花溪上日来往，身迹懒散人中仙。有时清霜松下路，松风萧萧驴耳竖。据鞍傲兀四无人，牧子骑牛相尔汝。劝君但骑驴，行路稳，姑徐徐。九折畏途鞭快马，年来曾覆几人车。"说陈姓诗人不学杜甫（少陵）骑驴漂泊，不学贾岛（浪仙）骑驴苦吟，学隐者孟浩然雪中骑驴寻梅吟诗超然如仙，与骑牛牧童亲密无间。骑驴虽不如骑马（喻指仕途）威风快速，却行路更稳。人生之路不如徐徐而行。

宋代诗人的行旅依赖水路舟行。陆游恩师曾几《信衢道中溪流不通全家遵陆》诗写一家人乘船从家乡江西到京城临安，到衢州时因干旱水路断流"渴雨溪流妨进艇"，只能上岸陆行、骑驴赶路，"得晴山路称骑驴"。水路相对更慢，更舒适悠闲，更适合远程，也容易阐发诗意，宋人的行舟泊舟诗词也很多。苏舜钦《淮中晚泊犊头》诗云："晚泊孤舟古祠下，满川风雨看潮生。"写乘舟经过淮河，晚间独泊古庙旁，见满河风雨，

图3-4   《雪山行骑图》   〔宋〕佚名   （故宫博物院藏）

潮水渐渐上涨。刘克庄《后村诗话》说这首诗有唐人韦应物的
"春潮带雨晚来急，野渡无人舟自横"（《滁州西涧》）的意境。
两诗都写江湖辽阔、风雨飘摇、个体孤寂，而诗人岿然静观、
内心不动。"舟自横"的"舟"比喻险境中悠然自在的诗人，"看
潮生"直接写淡定看待险境的诗人，体现唐诗重感觉，宋诗重
讲理思考的差异。苏舜钦的《过苏州》诗云："万物盛衰天意在，
一身羁苦俗人轻。无穷好景无缘住，旅棹区区暮亦行。"叹息
尝尽羁旅之苦，美景无缘同驻，黄昏了客船还要匆匆（区区）
远行。但无论逆境顺境，宋代诗人都平静应对。苏舜钦的《和
淮上遇便风》与《淮中晚泊犊头》同时所作，写晚泊喧闹低湿
之地后遇顺风舟行畅快："浩荡清淮天共流，长风万里送归舟。
应愁晚泊喧卑地，吹入沧溟始自由！"释惠洪《冷斋夜话》载，
黄庭坚被贬衡州时，租了一条小舟去赴任，同行的诗僧惠洪始
嫌其窄小。黄庭坚却说："烟波万顷，水宿小舟，与大厦千楹，
醉眠一榻，何所异？"宋代的舟上江湖行旅诗，有哲理也有亲情、
友情。朱熹《水口行舟》诗云："昨夜扁舟雨一蓑，满江风浪
夜如何。今朝试卷孤篷看，依旧青山绿树多。"说在江上经历
一夜风浪，早上豁然开朗，依然是一片青山绿树风光。周必大
《行舟忆永和兄弟》诗云："一挂吴帆不计程，几回系缆几回行。
天寒有日云犹冻，江阔无风浪自生。"写归乡之心与舟行一般
如箭。真山民《泊舟严滩》诗云："严陵湍上系孤篷……满江
愁思笛声中。云开休望飞鸿影，身即天涯一断鸿。"写羁旅孤寂，
身如江上飞过的落单鸿雁。徐玑写给友人徐照的《泊舟呈灵晖》
诗云："泊舟风又起，系缆野桐林……所喜同舟者，清赢亦好吟。"

写温暖友情带给羁旅的慰藉。

　　行舟泊舟、骑驴，与南宋江湖诗人群体境遇丝丝入扣。"江湖"不是指现实具体的江海湖河，而是《庄子·逍遥游》的"浮于江湖"和《庄子·大宗师》《庄子·天运》的"相忘于江湖"，司马迁《史记·货殖列传》的"（范蠡）乃乘扁舟，浮于江湖"，指现实中"在野"的民间所在，也指超脱现实、不局限于世俗生活的理想境界。本来仕途不顺的文人多用"身处江湖"形容自己的处境，北宋范仲淹提升了"江湖"之意，提出无论进退仕隐都不忘忧国忧民的千古名言："居庙堂之高则忧其民，处江湖之远则忧其君。"（《岳阳楼记》）宋代诗人多崇尚范仲淹，"江湖诗人"同样如此。虽然不能居庙堂之上，只能处江湖之远，但无论是仕途不顺的小官吏还是科举失意的布衣，都是以天下为己任者。江湖诗人的另一位代表姜夔写过"文章信美知何用，漫赢得、天涯羁旅"（《玲珑四犯·越中岁暮闻箫鼓感怀》）、"平生最识江湖味，听得秋声忆故乡"（《湖上寓居杂咏十四首》）、"万水千山迷远近，想乡关何处"（《安公子·远岸收残雨》）、"南来北去何事，荡湘云楚水，目极伤心"（《一萼红》），说自己词写得好有什么用，只能漂泊天涯，识得江湖味。他的词是"江湖"中行舟骑驴漂泊者的心声共鸣，个人情思与家国情怀融为一体。

燕居焚香

　　吴自牧《梦粱录》卷一九《四司六局筵会假赁》云："俗谚云：烧香点茶，挂画插花，四般闲事，不宜累家。"这四件事于宋人是"闲事"，又是日常之事。"不宜累家"是说不能成为负担，要有所节制。

　　宋代诗词中，直接体现"挂画"的相对较少。北宋文同《北斋雨后》诗云："唤人扫壁开吴画，留客临轩试越茶。"说清扫墙壁灰尘把吴道子的佛画挂起来，与友人边品茶边赏鉴。南宋陈著《次韵梅山弟》"挂画烧香书满前"、《沁园春·月旦评中》"但烧香挂画，呼童扫地，对山揖水，共客登楼"，也说到焚香赏画。宋末方回《为徐企题李伯时马》诗云："此画良真李伯时，形容飞动卒难诗。但将元祐苏黄作，开卷焚香朗诵之。"说北宋画家李公麟（伯时）的马画得太生动，所以观画人难以写诗赞美，只能焚香朗诵与李公麟同时代的苏轼、黄庭坚所写画诗来表达一二。由这些诗词也可见宋人是将四般闲事融为一体的。四般闲事与"琴棋书画"一样也称"四艺"，也是可以用来修炼心性的。

　　北宋杭州词人周邦彦有好几首词都写到焚香在日常中的实

际作用。《苏幕遮·燎沉香》词云"燎沉香，消溽暑"，说细焚名贵香料沉香可消除夏天闷热潮湿的暑气。《满庭芳·夏日溧水无想山作》词"地卑山近，衣润费炉烟"写的是黄庭坚外甥、诗人洪刍《香谱》的"熏香法"，香薰可使服饰留香。《花犯·小石梅花》词"香篝熏素被"指将衣被放在熏香笼上。南宋词人吴文英《天香·熏衣香》词云"珠络玲珑，罗囊闲斗，酥怀暖麝相倚……熏度红薇院落，烟锁画屏沉水……远寄相思，余熏梦里"，也写以名贵麝香、沉香熏衣。北宋女词人李清照《醉花阴·薄雾浓云愁永昼》词云"瑞脑消金兽"，描述用金色的兽形铜香炉燃瑞脑即龙脑香。

香事也用于敬天礼地。上古以来中国就有熏燎祭祀传统即香火供奉。很多宋人写重大事件的诗词里都提到香。欧阳修《礼部贡院阅进士就试》诗云："紫案焚香暖吹轻，广庭清晓席群英。"取天下英才的贡院要焚香制造庄严氛围。张孝祥《南歌子·俭德仁诸族》词云"焚香扫地夜朝真"，体现焚香朝见真人的虔诚。杨万里《早谒景灵宫》诗云"百辟焚香官柳影，一鸦飞立殿檐东"，写景灵宫祭祖焚香事。

焚香能制造超越凡俗的仪式感。宋人诗词常写"扫地焚香"，佛教以扫地比喻清扫人心蒙尘，即神秀所说的"身是菩提树，心如明镜台；时时勤拂拭，勿使惹尘埃"，焚香则能去除世俗浊气杂念。北宋陈与义《焚香》诗云："即将无限意，寓此一炷烟……炉香袅孤碧，云缕霏数千。悠然凌空去，缥缈随风还。世事有过现，熏性无变迁。应是水中月，波定还自圆。"认为焚香可寄托意念，可静心定性。苏轼《南堂》诗云"扫地焚香

图3-5　《竹涧焚香图》　〔宋〕马远　（台北"故宫博物院"藏）

闭阁眠",写自己被贬谪黄州时闲居静修的状况。梅尧臣《俨上人粹隐堂》"焚香坐读书"、张耒《秋日晨与寄楚望》"焚香展素帙",写烧香静心读书。陆游《初寒在告有感》"扫地烧香兴未阑"、《北窗即事》"扫地焚香乐有余",言从扫地焚香中感知兴味和乐趣。还有很多诗词写到"燕坐焚香",如陈与义《放慵》诗"放慵真有味……燕坐独焚香",张耒《冬节小不佳怀正叔老兄》诗"焚香燕坐衣僧衲,煮药高眠废酒杯"。"燕坐"也是佛教名词,又作宴坐,有安禅、坐禅之意。燕坐焚香能更好地安住坐禅。

　　宋人还将"燕坐焚香"放宽为"燕居焚香"。燕居就是闲居,燕居焚香更加日常化、率意化,随时可焚香,焚香可以成为生活的一部分。陆游诗词中焚香随处可见。《梦游山寺焚香煮茗甚适既觉怅然以诗记之》诗云:"毫盏雪涛驱滞思,篆盘云缕洗尘襟。"说饮茶有助诗思,燎香作篆能涤荡俗念。《闲适》诗云:"花开聊把酒,睡起独焚香。"写闲居赏花饮酒焚香。《老学庵北窗杂书》诗云:"北窗夜雨默焚香。"写在雨天夜晚的书斋焚香读书。《病中戏书三首》(其一)云:"洗瓮闲笃酒,焚香静斫琴。"写病中闲居有香,有酒,有琴。《焚香昼睡比觉香犹未散戏作二首》(其二)云:"燕梁寂寂篆烟残,偷得劳生数刻闲。"写偷得浮生半日闲的感受。《假中闭户终日偶得绝句》诗云:"官身常欠读书债,禄米不供沽酒资。剩喜今朝寂无事,焚香闲看玉溪诗。"写穷愁之际焚香读李商隐的诗。《云门独坐》诗云:"山北山南处处行,回头六十七清明。如今老去摧颓甚,独坐焚香听水声。"写晚年独自焚香回味人生。

范成大《丙午新正书怀十首》诗云："煮茗烧香了岁时。"言焚香煮茶闲适过新年。戴复古《赣州上清道院呈姚雪蓬》诗云："无事烧香读道经。"写在山间道院闲居焚香读经的情景。

　　焚香有一定方式，所谓香道。如燎香作篆即打香篆，不过一般都是简单地在香炉里放香料燃烧。南宋词人周紫芝《鹧鸪天·一点残红欲尽时》云"调宝瑟，拨金猊"，写奏乐焚香之事。"金猊"指铜香炉。龙生九子，其中狻猊形似狮子，性喜烟火，所以香炉上都雕刻狻猊装饰。不管香炉是瓷是铜，是华贵是简朴，所焚香是贵是贱，它们的功用都是一样的。邹登龙《幽事》诗云"烧柏子香读周易，滴荷花露写唐诗"，陆游《幽居述事四首》（其四）云"细烧柏子供清坐，明点松肪读道书"，都写以简易便宜的松柏子造香。宋人以为焚香的意义重在心、在韵而不在外在形式，香品即性情人品。黄庭坚的诗词最能体现这一点。他能制香、识香，还能像品评人物一样诗意地评论香氛香韵，得到时人认可。如他说意合香有富贵气，小宗香像南朝名士，返魂梅香"如嫩寒清晓，行孤山篱落间"，就像爱梅的林逋。武将贾天锡就是送给黄庭坚意合香的人，黄庭坚回赠了"如我有香癖"的贾天锡《贾天锡惠宝薰乞诗予以兵卫森画戟燕寝凝清香十字作诗报之》香诗，写了很多香事香韵。"隐几香一炷，灵台湛空明"，写焚香能宁神静心；"俗氛无因来，烟霏作舆卫"，写焚香能抵御庸俗；"石蜜化螺甲，榠樝煮水沈。博山孤烟起，对此作森森"，写如何制香及用香炉（博山）焚香；"轮囷香事已，郁郁著书画。谁能入吾室，脱汝世俗械"，写闲居（燕居）焚香作书画，摆脱俗流；"床帷夜气馥，衣桁晚烟凝……睡鸭照华灯""金炉拂太清""衣篝丽纨绮……自熏知见香", "睡鸭""金炉"写各色香炉，"衣篝"写衣薰笼，体现出香在生活中无处不在。诗中的"有待乃芬芳"则提出对香韵提升心灵的期许。传说黄庭坚提出"香之十德"："感格鬼神、清净身心、能拂污秽、能觉睡眠、静中成友、尘里偷闲、多而不厌、寡而为足、久藏不朽、常用无碍。"进一步总结了香韵于人的益处。

　　焚香虽为闲事，但也可以寄寓思想。王沂孙《天香·咏龙涎香》词云："孤峤蟠烟，层涛蜕月，骊宫夜采铅水。汛远槎风，梦深薇露，化作断魂心字。红瓷候火，还乍识、冰环玉指。一缕萦帘翠影，依稀海天云气。几回殢娇半醉。剪春灯、夜寒花碎。更好故溪飞雪，小窗深闭。荀令如今顿老，总忘却、尊前旧风味。漫惜余熏，空篝素被。"看似吟咏龙涎香的采制、焚烧、品鉴，但把心形篆香说成"断魂心字"，流露的是遗民故国之思。蔡绦《铁围山丛谈》卷五记载了北宋元祐盛世时仁宗熏燃过皇家仓库里五代后周留存的龙涎香，词里借"龙涎香"寄托了当年春夜焚香饮酒、今日雅韵难寻的失落。当时词人同题唱和之作很多，如周密《天香·龙涎香》也是借香抒情。

寒夜客来茶当酒

与焚香一样，茶也深入宋人的日常生活。喝上好茶，于宋人而言是雅事美事。北宋女词人李清照提及得到小龙团的欣喜，其《鹧鸪天》词云："酒阑更喜团茶苦，梦断偏宜瑞脑香。"欧阳修《尝新茶呈圣俞》诗云："泉甘器洁天色好，坐中拣择客亦嘉。新香嫩色如始造，不似来远从天涯。停匙侧盏试水路，拭目向空看乳花。"他得到好友梅尧臣寄来的建安新茶，还以茶雅集，将他亲手尝试点茶、端杯品鉴的惊喜和愉悦传递给友人。南宋名臣周必大《入直召对选德殿赐茶而退》诗云："绿槐夹道集昏鸦，敕使传宣坐赐茶。归到玉堂清不寐，月钩初上紫薇花。"写皇帝赐茶，喝了不能入睡之事。写民间饮茶题材的诗词更多。南宋诗人杜耒《寒夜》诗云："寒夜客来茶当酒，竹炉汤沸火初红。"说寒冷冬夜客人来访，以茶代酒款待他。火炉里的火苗红起来，可以点茶或煎茶，然后饮茶品茶了。

宋人诗词里可见很多饮茶名词、场景描述，如"点（煎）茶""分茶""斗茶（茶令）"等。南宋王明清《挥麈后录余话》记载，北宋徽宗还亲自点茶。白色乳花浮在茶盏面上，形如"疏星淡月"。唐代饮茶方式主要是煎茶，而宋代改唐代的煮茶法为点茶法，即不再把茶末投入水中煎煮，而是放在茶盏中用开水冲注，再充分搅拌。点茶相对复杂些。煎茶一般是先将水烧到有"鱼目"气泡出现，除去水中杂质（也可加适量盐），然后烧到气泡如"涌泉连珠"。舀走一瓢水，在剩下的沸水里加入碾好的茶末，搅拌，最后将茶汤烧到气泡如"腾波鼓浪"声音很响时，将先前舀出的水加入使沸腾暂停，茶汤不至于扑出而致精华流失。点茶则不是在水沸时投入茶末烹煮，而是将茶末放入茶盏，将沸水倒入盛水瓶再调角度注入盏中。先将茶末调成膏糊状，接着边注沸水边用茶匙或茶筅（将竹块一端切割成很多细条的茶具）快速击拂（即搅动）茶汤，使茶末上浮，茶盏中出现大量白色沫饽（大小泡沫）。斗茶就以茶沫出现快慢、水脚露出快慢来评定茶的优劣，以沫饽洁白不散为胜。因崇尚自然和真味，宋人一般不主张在茶里加其他东西，一般也不加盐。苏轼《和蒋夔寄茶》诗云"老妻稚子不知爱，一半已入姜盐煎"，痛惜好茶被不懂茶的妻儿拿去加盐煎煮了。《次韵曹辅寄壑源试焙新芽》诗云："要知冰雪心肠好，不是膏油首面新。戏作小诗君勿笑，从来佳茗似佳人。"说点茶前要刮去饼茶焙干后表面的膏油，才能得茶之真味。苏轼将去油的新茶比喻为有冰雪肝胆、玲珑心肠的素面朝天的灵性佳人，是很有趣的比喻。

　　煎茶、点茶要有充分的准备，先是碾茶，即将团茶茶饼熟碾（迅速碾成碎末）；接着是罗茶，即把茶筛成细末；然后是候汤，即选好水并烧沸；还有熁盏，指烫热茶具，有利逼出茶香；最后一步点茶最有技巧和美感，很多宋代诗词都有生动的记载，如苏轼《浣溪沙·细雨斜风作晓寒》云"雪沫乳花浮午盏"。

范仲淹《和章岷从事斗茶歌》诗云："黄金碾畔绿尘飞，紫玉瓯心雪涛起。"说金色铜碾碾茶成绿色如尘细末，在紫玉茶杯中冲茶如白色波涛涌动，情景如画。苏轼《西江月·茶词》云："汤发云腴酽白，盏浮花乳轻圆。"写建安北苑贡品名茶引种到江西双井所产的龙焙雪芽新茶。"云腴"是茶的美称。注汤击拂激发的茶汤纯白，茶盏里浮现的乳花轻盈圆润，宛如"疏星淡月"。又《十拍子·暮秋》词云"玉粉旋烹茶乳"，写碾好的茶粉即刻被热水烹煮成乳花。苏轼友人李之仪《满庭芳·花陌千条》词云"龙团细碾，雪乳浮瓯"，写将贡茶龙团碾成细末，冲注沸水后雪色乳花浮满茶杯（茶瓯）。黄庭坚《踏莎行·画鼓催春》词云"银瓶雪滚翻成浪"，写用刚焙好的建安雨前新茶点茶，茶如雪浪翻滚。黄庭坚《奉同六舅尚书咏茶碾煎烹三首》详细地描述了煎茶、点茶"碾煎烹"的过程。"要及新香碾一杯……碎身粉骨方余味"是碾茶，"风炉小鼎不须催，鱼眼长随蟹眼来"是煎茶，"鱼眼""蟹眼"指泉水沸腾起泡状态，"乳粥琼糜雾脚回，色香味触映根来"写烹茶。点茶、煎茶于眼耳鼻舌（四触）都有感觉享受。

　　煎茶、点茶各步骤所用各种茶具也有讲究，除风炉、茶匙、茶筅、银瓶等之外，茶盏、茶瓯也很重要。黄庭坚《满庭芳·北苑龙团》云"冰瓷莹玉，金缕鹧鸪斑"，说茶是龙团，茶盏是建窑窑变鹧鸪斑，都是名品。秦观的《秋日三首》（其二）云"月团新碾瀹花瓷"，花瓷指精致茶碗。

　　宋代茶道的艺术感还体现在将点茶进化成更复杂、具有技巧性的分茶、茶百戏，在用沸水换角度冲注茶末、以茶筅等茶

图3-6 《饮茶图》 〔宋〕佚名 （美国弗瑞尔美术馆藏）

具快速击拂茶乳产生泡沫时加入书画创作技巧，通过练习，使
茶汤幻变种种形状，形成字画效果，又称水丹青。有点类似今
天的咖啡拉花。李清照就善分茶，其《转调满庭芳·芳草池塘》
词云："当年曾胜赏，生香熏袖，活火分茶。"回忆年轻时焚
香分茶的情景。"活火"指有苗焰的炭火，类似杜耒诗的"火
初红"。宋人认为茶要活火煎。她的《摊破浣溪沙·病起萧萧
两鬓华》词云"豆蔻连梢煎熟水，莫分茶"，写生病了暂时戒茶，

可见她平素经常分茶为戏。南宋杨万里也爱分茶，其《澹庵坐上观显上人分茶》诗云："分茶何似煎茶好？煎茶不似分茶巧。蒸水老禅弄泉手，隆兴元春新玉爪。二者相遭兔瓯面，怪怪奇奇真善幻。纷如擘絮行太空，影落寒江能万变。银瓶首下仍尻高，注汤作字势嫖姚。"描述了老僧"弄泉"烧水，用银瓶"头下尾高"注汤（沸水），"玉爪"作字的分茶过程。分茶比点茶、煎茶更有雅化、更不生活化。

宋代还流行斗茶，即比茶的优劣，又名斗茗、茗战。范仲淹曾与诗人章岷斗茶。章岷作《斗茶歌》，范仲淹作《和章岷从事斗茶歌》云："斗茶味兮轻醍醐，斗茶香兮薄兰芷。其间品第胡能欺？十目视而十手指。"说茶凭色香味来斗，众目睽睽很公平。虽然好茶很贵，但斗茶偏于雅趣而非斗富。斗茶又扩大到行茶令，如指定一个物事为题写诗或说典故。李清照是行茶令的高手。其《晓梦》诗云"嘲辞斗诡辩，活火分新茶"，不但主张活火新茶分茶、斗茶，也写了巧言斗茶。她还在《金石录》后序记录了与丈夫赵明诚行茶令"赌书泼茶"的故事。即以先讲出某典故在哪本书为胜，胜者可先喝茶。南宋王十朋《万季梁和诗留别再用前韵》诗云"搜我肺肠茶著令"，说行茶令考验人的诗才敏捷和学问渊博。

宋代茶事固然有程式，但主要还是依从本心、顺其自然，不拘一格。陆游《临安春雨初霁》"矮纸斜行闲作草，晴窗细乳戏分茶"、《入梅》"墨试小螺看斗砚，茶分细乳玩毫杯"，都写诗人独处分茶的率性自在。秦观《茶》诗云："茶实嘉木英，其香乃天育。芳不愧杜蘅，清堪掩椒菊。"说茶作为嘉木香草

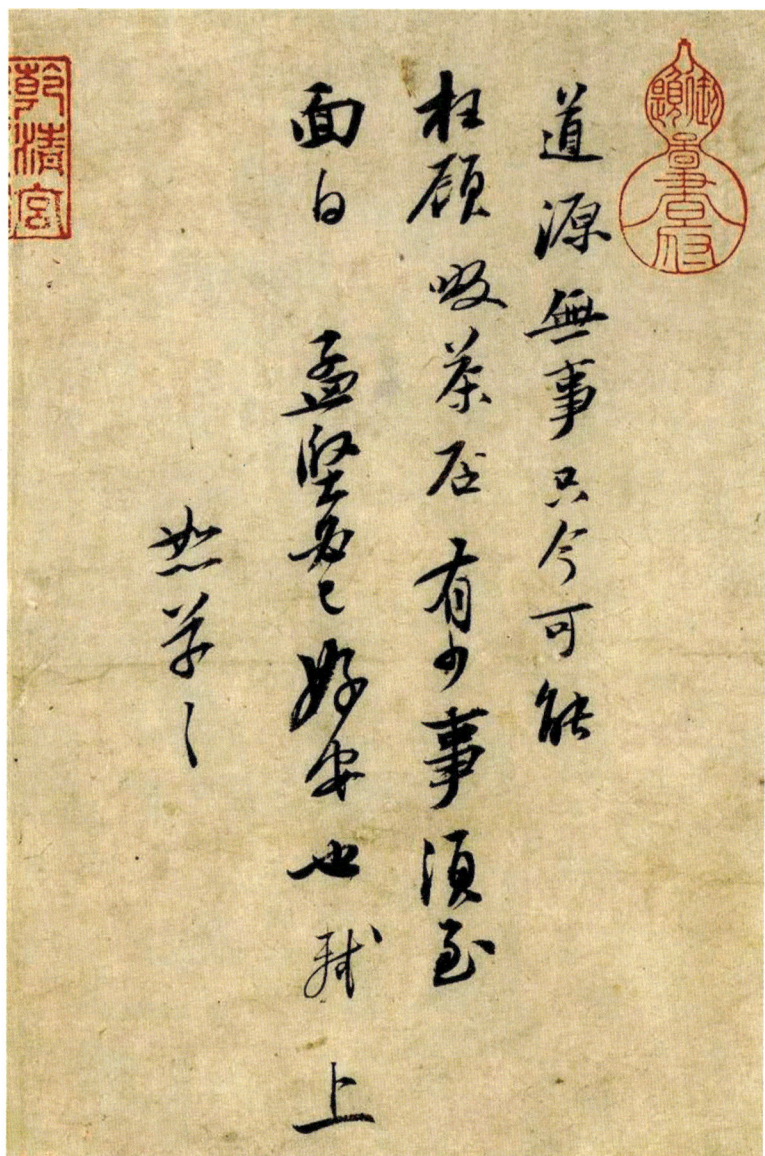

图3-7 《啜茶帖》（局部）〔宋〕苏轼 （台北"故宫博物院"藏）

本是自然的恩赐。宋代诗词还多写在野外饮茶的情景。苏轼《浣溪沙·细雨斜风作晓寒》词"雪沫乳花浮午盏"记录了郊游赏景饮午茶。梅尧臣《茶灶》诗云："山寺碧溪头，幽人绿岩畔。夜火竹声干，春瓯茗花乱。兹无雅趣兼，薪桂烦燃爨。"写携带茶灶在春日山中饮茶。晏殊《煮茶》诗云："稽山新茗绿如烟，静挈都篮煮惠泉。"写带着"都篮"（盛茶具的木竹篮）去野外用清泉煮新茶。陆游《夏初湖村杂题》（其三）云："寒泉自换菖蒲水，活火闲煎橄榄茶。"无论身在何处，是贵茶还是野茶，只要有好泉、活火就有自在闲适的茶趣。苏轼晚年被贬儋州时写的《汲江煎茶》也写出了身在穷荒之地不忘取水煎茶的天然之趣："活水还须活火烹，自临钓石取深清。大瓢贮月归春瓮，小杓分江入夜瓶。雪乳已翻煎处脚，松风忽作泻时声。枯肠未易禁三碗，坐听荒城长短更。"煎茶需要炽烈有焰的活火和流动鲜洁的活水，诗人瓮瓶瓢杓齐备，到临江钓石处取江水深处的清水。茶沫如雪白乳花翻滚浮动，沸腾的水声好像风吹过松林。煎茶本来只限三碗精华，诗人却因为茶汤味美难以停下。

茶不但是嘉木，也是灵草，不但与新出青蔬一样具有天然真味从而得到宋人喜爱，而且自从得到唐代茶圣陆羽提倡以来，就以提神、醒酒、养生、长生、有助诗意玄思等功能著称。宋初隐居杭州孤山、与林逋交好的诗僧释智圆《谢仁上人惠茶》诗云"睡魔遣得虽相感，翻引诗魔来眼前"，写茶可以去睡意、增诗意。曾巩《尝新茶》诗云"一杯永日醒双眼，草木英华信有神"，范仲淹《和章岷从事斗茶歌》诗云"众人之浊我可清，千日之醉我可醒"，都说茶可以清心醒神。陆游《村舍杂书》诗云"爽如闻至言，余味终日留"，《雨中熟睡至夕》诗云"小儿忽报煎茶熟，起拥寒炉究余味"，说茶多余味，令人生灵思。

苏轼的名句"从来佳茗似佳人"将茶拟人化。其《和钱安道寄惠建茶》诗云"建溪所产虽不同，一一天与君子性。森然可爱不可慢，骨清肉腻和且正"，也将清茶比成森然不可轻慢、骨骼清正的君子。南宋袁燮《谢吴察院惠建茶》诗云"形模正而方，气韵清不俗。故将比君子，可敬不可辱"，也将茶比成可敬不俗的君子。陆游《效蜀人煎茶戏作长句》诗"饭囊酒瓮纷纷是，谁赏蒙山紫笋香"，更是用"蒙山"和"紫笋"两种名茶来比拟天下英才。茶与香都寄托了宋人对雅正风范的追求。

只恐夜深花睡去

　　与焚香品香、饮茶品茶一样，宋代也风行种花、赏花、插花、簪花。宋代诗人、词客大多是心怀"几生修得到梅花""人生有味是清欢"心意的爱花人。鲜花是宋人日常生活的组成部分，是生活情趣的体现，也是宋人性爱芳洁的情志寄托，与香料和身为香草的茶都是生活、生命里不可缺的物事。林逋《山园小梅》诗所写的"疏影横斜水清浅，暗香浮动月黄昏"描述的是郊野梅花，宰相词人晏殊《无题》诗"梨花院落溶溶月，柳絮池塘淡淡风"描写了庭院梨花，李清照《减字木兰花·卖花担上》词"卖花担上，买得一枝春欲放"、陆游《临安春雨初霁》诗"小楼一夜听春雨，深巷明朝卖杏花"所写的买花事，则可见花事已进入寻常百姓家。宋代很多诗词名句都是莳花、赏花普及和发展的写照。写花的宋诗、宋词更有无数，有直接记录花卉的，也有像屈原以嘉卉隐喻理想的。苏轼《海棠》云"只恐夜深花睡去，故烧高烛照红妆"，言爱花、惜花、赏花不倦。叶绍翁《游园不值》云"春色满园关不住，一枝红杏出墙来"，联想生发，表达哲理。王淇《春暮游小园》云"开到荼蘼花事了"，以四季赏花不歇、花事盛衰抒发情感。遗民诗人陈著像王沂孙咏香一样用"卖花声"这个意象写出国破山河在的苍凉心境。其《夜梦在旧京，忽闻卖花声。有感至于恸哭，觉而泪满枕上。因趁笔记之》诗写梦到卖花声的感慨。"卖花声，卖花声，识得万紫千红名。"临安街头的卖花声叫出了昔日万紫千红的繁华，诗人回忆起当年临安百姓买花、簪花、插花不嫌贵只求新奇的盛况："九街儿女方睡醒，争先买新开门迎。泥沙视钱不问价，唯欲荡意摇双睛。薄鬟高髻团团插（簪花），玉盆巧浸金盆盛（插花）。"进而感叹道："人心世态太浮靡……向时楼台买花户，凄烟落日迷荆榛……万花厄运至此极，纵有卖声谁耳倾。"最后是醒来的美梦成空："一唱再唱破垣隔，闻声不见花分明。"

　　北宋时种花、赏花就很兴盛。苏轼《惜花》诗回忆清明时去花事最盛的临安吉祥寺看花饮酒，酒酣头上插花（簪花）而归被百姓围观的情景："吉祥寺中锦千堆，前年赏花真盛哉……沙河塘上插花回，醉倒不觉吴儿哈。"南宋时临安的花卉种植买卖更发达。叶适《赵振文在城北厢两月无日不游马塍作歌美之，请知振文者同赋》诗描述东西马塍（今杭州马塍路一带）的花卉种植兴盛："马塍东西花百里，锦云绣雾参差起……酴醾缚篱金沙墙，薜荔楼阁山茶房。高花何啻千金直，著价不到宜深藏。"还说这里是随着临安成为都城发展起来的："圣人有道贾草木，我辈栽花乐太平。"有了太平岁月，才有锦绣花苑。南宋皇城在凤凰山下，和宁门是官员们的出入地，附近形成花市，杨万里《经和宁门外卖花市见菊》诗写上朝看到这里四季鲜花如潮："清晓肩舆过花市……君不见内前四时有花卖，和宁门外花如海。"他还有《初夏清晓赴东宫讲堂，行经和宁门外卖花市》

图3-8　《花篮图（夏）》　〔宋〕李嵩　（故宫博物院藏）

诗云："忽逢野老从湖上，担取名园到内前。"说卖花翁从西湖（马塍一带）担花来到大内（皇城）前出售。陆游《予所居三山在镜湖上，近取舍东地一亩种花数十株，强名小园，因戏作长句》诗云"小园风月得婆娑……插花聊喜醉颜酡"，写他隐居家乡绍兴镜湖种花、赏花的怡情乐心。他的《插花》诗又云"有花君不插，有酒君不持"，表达了因生病禁酒辜负了饮酒赏菊，心中充满遗憾。他说，如果不折花簪花，不持酒对花饮，时间错过，年华老去，那就十分可惜了。所以花要赏，酒要饮，诗也要趁兴写。就如唐人杜秋娘《金缕衣》"花开堪折直须折，莫待无花空折枝"之意，不过多了宋人式的豁达。

宋代男女都爱在头上簪鲜花，官员也在幞头（头巾）上簪花。苏轼《陪欧阳公燕西湖》诗云"插花起舞为公寿"，说自己"插花起舞"给老师欧阳修祝寿。欧阳修也爱好嬉游遣兴，《丰乐亭游春》诗云："行到亭西逢太守，篮舆酩酊插花归。"以百姓的视角写自己赏花、饮酒、插花、坐轿（篮舆）的归趣，和苏轼的"沙河塘上插花回"相似。他的《鹤冲天·梅谢粉》词"戴花持酒祝东风"也写簪花端酒祈祷春天长久、花儿常在。欧阳修在扬州平山堂主持雅集，"坐花载月"。这个故事与东晋兰亭雅集一样流传千古。王安石《送吴显道》诗也写过"插花走马月明中"的蕴意。黄庭坚《鹧鸪天·座中有眉山隐客史应之和前韵即席答之》词云"醉里簪花倒着冠"，写自己在重阳佳节赏花饮酒后头上簪黄菊、倒戴帽冠的放达姿态，有唐人李白模仿晋代名人山简醉酒骑马归去"倒着接䍦（头巾帽子）花下迷"（《襄阳歌》）的意味。《定风波·次高左藏使君韵》词云"君看，几人黄菊上华颠"，写他晚年被贬穷荒之地黔州后白发苍苍的头上仍戴菊花过重阳节。《饮城南即事》诗云"任他小儿拍手笑，插花走马及严鼓"，写他寒食节春游饮酒醺然后插花走马。张耒《送陈器之》诗云"插花乌帽倾，醉倒傍人扶"，也是一般潇洒不羁情态。曾巩《会稽绝句》诗云"花开日日插花归，酒盏歌喉处处随……不是心闲无此乐"，《南湖行》诗云"插花步步行看影，手中棹旅唱吴歌"，也都写赏花闲情之乐。南宋时风气不改，陆游《次韵范参政书怀》诗云"插花醉舞春风里"，《寄王季夷》诗云"插花意气狂如昨"，《娥江野饮赠刘道士》诗云"插花处处引村童"，《醉倒歌》诗云"如今醉倒官道边，

图3-9　故宫南薰殿旧藏《宋仁宗皇后像》　〔宋〕佚名　（台北"故宫博物院"藏）

插花不怕颠狂甚"，杨万里《曲江重阳》诗云"插花醉照濂溪井，辛弃疾《定风波·暮春漫兴》词云"少日春怀似酒浓，插花走马醉千钟"。江湖诗人也有这种习俗。刘克庄《踏莎行·日月跳丸》词云"向来吹帽插花人"，《三月二十五日饮方校书园十绝》诗云"插花重入少年场"，表达自己聊发少年狂的情志。

高翥《春日北山》诗云："插花吹笛两山中，桃李尊前日日同。待得马头飞絮满，更来沽酒看残红。"写在春日西湖赏春时于北山和南山之间对花饮酒、插花吹笛，还约定日后再带酒来看花落。戴复古《永新宰潘仁叔再约观梅》诗中的"插花秉烛过溪桥"，有苏轼"故烧高烛照红妆"的爱花意趣。

　　宋代诗人也与陆游一样喜欢种花。范仲淹信奉"先天下之忧而忧"，也不忘"后天下之乐而乐"。其《和葛闳寺丞接花歌》诗云："西都尚有名园处，我欲抽身希白傅。一日天恩放尔归，相逐栽花洛阳去。"他向往白居易晚年在洛阳退隐种花。欧阳修在滁州时有谢姓属官喜欢种花，他写了《谢判官幽谷种花》诗云："浅深红白宜相间，先后仍须次第栽。我欲四时携酒去，莫教一日不花开。"黄庭坚岳父、诗人谢景初善接花，黄庭坚有《和师厚接花》诗赞美其"妙手从心得，接花如有神"。爱花寄托了宋人爱自己、爱芳洁的情怀。

书窗谁不对梅瓶

由黄庭坚《和师厚接花》诗"升堂与入室，只在一挥斤（运用花斧）"还可窥见宋人精湛的花艺。头上插（簪）花在唐代已流行，真正代表宋代花艺的是瓶中插花。"清供"一说缘起东晋王羲之在山阴（今浙江绍兴）举办的兰亭雅集诗会，"曲水流觞"之杯盏文玩成为雅兴清供的雏形。东晋时又兴"佛供"，以瓶花供佛前。宋代以插花为清供，不但士人、仕女爱以瓶插花，普通百姓也养成插花的习性。插花风行与宋代种花业发达、花卉品种繁多有关。

宋代插花讲究瓶与花的匹配。北宋陈与义《梅花二首》诗云："画取维摩室中物，小瓶春色一枝斜。梦回映月窗间见，不是桃花与李花。"因为在佛前供花，所以不选秾艳桃李，而选了素雅梅花，不选大瓶选小瓶。贺铸《最多宜·半解香绡扑粉肌》词云"碧琉璃水浸琼枝"，写以晶莹剔透的碧绿玻璃花瓶养素色花枝，呈现雅致洁净之美。曹组《临江仙·青琐窗深红兽暖》词云"数枝梅浸玉壶春"，写由佛教净水瓶演变而来的"玉壶春"瓶里插了数枝梅花。

北宋插花因为大多局限于雅士，故大多选取梅、兰、水仙、荷花、芙蓉、栀子等色彩淡雅、枝条秀长、香气幽雅的四季嘉卉，配合古雅花器。到了南宋，插花更为普及，也更加自然率性，插的花草的种类更多，用的花器也不拘一格，随插花人的心意而定。范成大《瓶花》诗云："水仙镂蜡梅，来作散花雨。但惊醉梦醒，不辨香来处。"此诗写插了水仙、蜡梅两种素雅芬芳的花卉在卧室花瓶里，夜里香气袭人。陆游《岁暮书怀》诗云"瓶里梅花夜更香"，说瓶梅在夜晚书房吐露芳馨。杨万里《道旁店》诗云"青瓷瓶插紫薇花"，写路边小店用普通青色瓷瓶插紫薇花，形制朴素而色彩和谐。杨万里《昌英知县叔作岁坐上，赋瓶里梅花，时坐上九人七首》诗云"胆样银瓶玉样梅，北枝折得未全开"，花是白色半开梅花，瓶是很配梅花形态的胆形银瓶。江湖诗人高翥《春日杂兴》诗云"多插瓶花供宴坐，为渠消受一春闲"，说为了练习插花忍耐了春日闲居不出的寂寞。其《静对》诗云"安排瓦砚临章草，收拾瓮瓶插郑花"，称用口小腹大的古朴瓮瓶配香味浓郁、枝条纤长的山野白花"郑花"（冬天开的山矾）很合适。郭应祥《虞美人·茂叔、季功置酒稽古堂，以瓶贮四花，因赋》词云："梅桃茉莉东篱菊。著个瓶儿簇。寻常四物不同时。恰似西施二赵、太真妃。"言将梅花、桃花、茉莉、菊花四种不同季节、形态纤秾不一的花卉插入同一花瓶，还将它们比作不同历史时期的四大美女西施，赵飞燕、赵合德姐妹，杨贵妃。

宋人的花器也多种多样。典型形制有小口大肚的壶、瓮，较纤瘦流畅的一枝瓶、胆瓶，大口的樽、觚等，材质有玉、竹、瓷、银、铜等。宋人喜爱梅花，多用修长的一枝瓶、胆瓶以求和谐。胆瓶造型细长，原本多用在佛堂，特别适合清供单枝长茎花卉。

秋風融日滿東籬，萬疊輕紅簇翠枝。若使芳姿同眾色，無人知是小春時

图3-10　《胆瓶秋卉图》　〔宋〕佚名　（故宫博物院藏）

南宋俞德邻《梅花》诗云"胆瓶谁汲寒溪水，带月和烟簪一枝"，这是比较常规的插花。有时插花人也求个性和技巧。南宋周紫芝《酴醾小壶色香俱绝灯下戏题》诗云："芳条秀色净如霜，折得残枝近笔床。月冷灯青花欲睡，可怜虚度此时香。"说暮春"开到荼蘼花事了"，只能折了枝条已残的不名贵的荼蘼花（又

名酴醿、佛见笑），拿了大肚小壶来插花，放在书桌文玩笔床旁。冷月青灯下，花色如雪淡雅，且有缕缕清香，很是相宜。赵师秀《叶侍郎送红芍药》诗写师友叶适送了红芍药，而"自洗铜瓶插欹侧，暂令书卷识奢华"。为了配花色艳丽的"花相"芍药，他拿出古色古香铜瓶，细心地设计出倾斜造型，令书房生辉。刘克庄《出城二绝》诗云"日日铜瓶插数枝"，也说用铜瓶插樱桃花。宋人相信古铜器曾埋在土里沾染地气，拿来养花可使花色鲜艳如在枝头，开得快，谢得慢。张道洽《瓶梅》诗云"寒水一瓶春数枝，清香不减小溪时"，写瓶中数枝梅清供多日，清香不减，宛如还在溪头枝上时。自然活水（寒水、寒溪水）也有助养花。

　　有时插花玩的不只是花，瓶花艺术也不限于花器。苏辙《戏题菊花》诗云："春初种菊助盘蔬，秋晚开花插酒壶。"说春天嫩菊叶可以当春盘里的青蔬，晚秋插花可以用空酒壶，就很生活化。宋代有一种很有特色的器皿"梅瓶"，小口、短颈、丰肩、修腹、敛身、瘦足，原本是用来装酒的，名"长瓶""经瓶"，杨万里《昌英知县叔作赋赋瓶里梅花时坐上九人七首》诗"酒兵半已卧长瓶，更看梅兄巧尽情"写的就是它。其造型瘦长小口，很适合插清瘦梅枝，所以宋人常常拿来插梅，后来便称"梅瓶"。南宋写梅瓶的诗很多，如韩淲《上饶新刊巩宋齐六言寄赵晏叟者次韵上饶》诗云："诗案自应留笔砚，书窗谁不对梅瓶。"方逢振《风潭精舍月夜偶成》诗"石几梅瓶添水活，地炉茶鼎煮泉新"和王镃《雪夜二首》诗"调朱旋滴梅瓶水，读过唐诗再点看"，都借梅瓶插花表现雅俗共赏之趣。宋代也多用花篮。南宋画家李嵩作有《花篮图》，画了竹篮加花卉的岁朝清供。还有更近俗的，北宋开封有七夕习俗，将小麦、绿豆等种子放入瓷器内用活水浸泡，萌出的数寸嫩芽就用红蓝彩线系起来当摆设，称为种生。宋人插花也求不拘一格，自成趣韵。

第四篇

四时佳兴
与人同

四时成岁律

古代社会是农耕社会，所以对四季变迁、节候更替非常重视。四季从农历正月（元月、一月）初一开始，分孟春、仲春、季春、孟夏、仲夏、季夏、孟秋、仲秋、季秋、孟冬、仲冬、季冬十二个节令；节气依次是立春、雨水、惊蛰、春分、清明、谷雨、立夏、小满、芒种、夏至、小暑、大暑、立秋、处暑、白露、秋分、寒露、霜降、立冬、小雪、大雪、冬至、小寒、大寒，共二十四个。节气是由天文决定的，正如南宋诗人陈著写夏至的诗《次韵王得渲长至》说的"二十四节气，来自混元前"，其出现很早，不在农历范畴，时间不确定。秦汉时就已确定其中最重要的八个节气。此外，一年中还在节气间穿插或重叠着各个与古人信仰息息相关的重要佳节，依次是元旦（古代元旦、元日与现在的元旦不是一个概念，相当于现在的春节，在农历正月初一）、立春（第一个节气，传统上春天的开始，农历正月初一前后，二十四节气中最早确定下来的节气之一）、上元节（今元宵节，农历正月十五）、社日节（春社，农历二月初二或春分节气左右）、上巳节（农历三月初三，宋时已逐渐式微）、寒食节（在前一年冬至后的第一百零五天，后与迟

一至两天的清明节合并）、端午节（农历五月初五）、夏至节
（二十四节气中最早确定下来的节气之一，一年中日照最长、
白天最长的一天）、七夕节（农历七月初七）、中元节（农历
七月十五）、中秋节（农历八月十五）、重阳节（农历九月初九）、
下元节（农历十月十五，祭祀祖先，已逐渐消亡）、冬至节（二十四
节气中最早确定下来的节气之一，是北半球各地一年中日影最
长、黑夜最长的一天）、除夕（农历十二月廿九或三十）等。

　　当代中国以春节、清明节、端午节、中秋节为四大传统节
日，而在宋代，元日、寒食、冬至等与农事、祭祀祖先相关的
节日较为重要，上元、清明、立夏、端午、中元、中秋、冬至
和除夕也曾称八节。宋代还有一些不著名但很有特色的节日。
如宋代特有的天贶节，始于宋初真宗大中祥符四年（1011），
在农历六月初六。因其在梅雨季节之后，所以以晒衣、晒书等
活动为主，又名晒霉节。还有体现向往富裕生活的送穷节（在
农历正月初五或晦日即最后一天正月二十九或三十）、人日（农
历正月初七）、花朝节（百花生日，农历二月十五）、秋社节
（没有春社重要，后逐渐弱化并入同为祭祀的中元节）、寒衣
节（祭祀先人，农历十月初一）、祭灶节（祭祀灶神，腊月即
农历十二月廿三或廿四，后与小年融合）。还有外来的节日，
主要是佛教节日，如浴佛节（农历四月初八）、腊八节（农历
十二月初八）等。此外，从严冬的小寒节气到次年初夏的谷雨
这八个节气之间，每个节气还有对应的三候，共二十四候，即
二十四花期的二十四花信风。从小寒的梅花到谷雨的楝花，宋
人徐俯就有诗说："一百五日寒食雨，二十四番花信风。"

图4-1 《四景山水图》（局部） 〔宋〕刘松年 （故宫博物院藏）

宋代节候、节气、节日繁多，本书按传统农历的春、夏、秋、冬四季，也参照南宋诗人范成大《四时田园杂兴》的"春日、暮春、夏日、秋日、冬日"五分法，将之归纳提炼为春日（孟春、仲春）的岁朝、上元（含立春、人日、惊蛰、花朝、社日），暮春（季春）的寒食、清明（含上巳、谷雨），夏日的梅雨（非节气、节日，只是节候，在芒种节气前后出现）、端午（含立夏、小满、芒种、夏至、小暑、大暑），秋日的七夕、中秋、重阳（含中元、秋社），冬日的冬至、除夕（含寒衣、下元、腊八、祭灶小年）五个部分。

宋代重视节令如"四时""八节（立春、春分、立夏、夏至、立秋、秋分、立冬、冬至等八个最早确立并与播种、收获关系最紧密的重要节气）""十二月令""二十四气""七十二候"等，所以出现了很多写节令、节候、节气、节俗的诗和组诗。

其中"四时"这个意象出现得较频繁，充分显示了对季节更替、生命轮回的敏感体悟，如苏轼《和蔡准郎中见邀游西湖三首》诗云"湖上四时看不足，唯有人生飘若浮"，《次韵子由柳湖感物》诗云"四时盛衰各有态"。苏轼将四季变化的原因归结为天地运转的感应回馈，说"四时"是一种定律，就是他在《次韵和王巩六首》诗里说的"四时俯有取，一饱天所酢"。中国传统四时节气都对应天文，斗转星移定岁时。北斗星中的"斗柄（斗杓）"顺时针转一圈，就是一岁四季，二十四节气最初就是以北斗斗柄指向来确定的。欧阳修《端午帖子词》中《皇帝阁》（其二）云："午位星杓正，人间令节同。四时和玉烛，万物被薰风。"黄庭坚说"四时成岁律"（《王文恭公挽词二首》）、"执揽北斗柄，斟酌四时和"（《定交诗二首效鲍明远体呈晁无咎》）、"世事寒暑耳，四时旋斗杓"（《次韵答常甫世弼二君不利秋官郁郁初不平故予诗多及君子处得失事》）、"虚心万物表，寒暑自四时"（《颐轩诗六首》）。他们以理性的态度看待四季变迁，觉得四季四时都好，各有存在价值，都值得珍惜。晁补之《洞仙歌·留春》诗云"更夏有凉风，冬轩雪皎。闲事不关心，算四时皆好"，洪适《生查子·十月到盘洲》词云"心赏四时同"，赵光义《逍遥咏》诗云"日月无亏明节候，从容愿所不踌躇"，无名氏《十二时》诗云"吉祥诸福集，燮理四时调"，都体现了对天时日月正常无亏、四时岁律节候调顺、人间从容吉祥幸福的期待和祝愿。《四时》诗"春水满四泽，夏云多奇峰。秋月扬明晖，冬岭秀孤松"本是东晋顾恺之的诗，一度被认为是陶渊明的诗，在宋代被纳入《神童诗》广为流传，体现了普通百姓对四时调顺如春冬不干旱、夏秋多晴朗才是好年景的认识。《神童诗》里还有其他不少写四时的诗句，如"春游芳草地，夏赏绿荷池。秋饮黄花酒，冬吟白雪诗"。

　　北宋理学家程颢《秋日》诗云"万物静观皆自得，四时佳兴与人同"，体现了宋人信奉天人合一、与四时从容共度的人生态度。他说静观万物可以发现其各有特色各有存在的道理，春、夏、秋、冬四时各有其美好，不妨顺应四时变化运转，享受和领略自然之趣。这体现了宋人对四时八节等现象的理性认识和感性喜爱。

岁朝桃符

　　农历正月初一在古时包括宋代被称为元日、岁朝、岁旦、元旦，直到辛亥革命后用公历纪年后，才称春节，以与今天的元旦区分。王安石的《元日》诗"爆竹声中一岁除，春风送暖入屠苏。千门万户曈曈日，总把新桃换旧符"脍炙人口。"一岁除"的"除"有"改变"之意，岁除（除夕）是一岁的终点，次日的元日是新岁的起点，贯连四时周而复始。欧阳修《春帖子词二十首》说的"不觉新春换故年"，新旧接续恍若无痕。而元日别名岁朝的"朝"指早晨，岁朝涵盖了"年之朝、月之朝、日之朝"三个开端。元日特别有仪式感，由王诗可见，宋代元日（岁朝）要放爆竹，喝屠苏酒，还要挂上新桃符（类似后世的春联）。

　　屠苏酒就是欧阳修《春帖子词二十首》"共喜新年献椒酒"中所说的"椒酒"。饮屠苏酒从全家年纪最小的人开始，长者最后喝，以贺增岁和长寿。苏轼《除夜野宿常州城外二首》（其二）"不辞最后饮屠苏"、苏辙《除日》诗"年年最后饮屠苏"，都指自己年纪大。陆游《除夜雪》诗云"半盏屠苏犹未举，灯前小草写桃符"，说还没喝完屠苏酒就忙着写桃符。文天祥《除夜》诗云"无复屠苏梦"，当时他已身为囚徒，决心舍生取义，所以说不再有和家人团聚共饮屠苏酒的奢望。王安石《元日》诗第三句"千门万户曈曈日"其实也很有内涵，"曈曈日"寓意新年轮转开始，也暗指百姓在除夕守岁未眠。宋人有全家人围炉团坐、把酒笑语、通宵守岁的习俗。南宋末宋伯仁《岁旦》诗云："居闲无贺客，早起只如常。桃版随人换，梅花隔岁香。春风回笑语，云气卜丰穰。柏酒何劳劝，心平寿自长。"换了桃符，看天上云气，卜祝丰收，喝柏叶酒（椒酒同类），希望长寿平安。

"新桃""旧符"是互文，指新旧"桃符"。桃符是春联的原始版本，据说周代人就在大门两边挂长方形桃木板。民间认为桃木能辟邪，在桃符上再刻上驱恶鬼的神荼、郁垒两个神像，以加深驱邪祈福之意。五代十国时出现了写有联语的有字桃符。一说是五代后蜀末代皇帝孟昶于统治末期的除夕在桃符上写了五言联"新年纳余庆，嘉节号（一作契或贺）长春"，也有记载说是翰林学士辛寅逊所撰，还有说孟昶之子孟喆写了四言联"天垂余庆，地接长春"。以往都说辛寅逊写的桃符是最早的春联，近年敦煌考古发现唐代已有更早的四言诗联"三阳始布，四序初开"等。宋初在桃符上书写诗句、寄托祝福已比较普遍。"余庆"典出《易经·坤·文言》的"积善之家，必有余庆"，指惠及子孙的德泽。"新年纳余庆"，是说希望新年能继续以往的福气；"长春"指像春天般永远繁盛，"嘉节号长春"是说希望佳节能永留。宋代悬挂桃符的时间在腊月底祭灶后到除夕夜，桃符也逐渐由木板刻字过渡为纸张书写。到明代称春联。

宋代八节即立春、春分、立夏、夏至、立秋、秋分、立冬、冬至时，朝廷要请翰林院侍臣如欧阳修、司马光这种级别的诗人书写辞章，并将辞章粘贴在门壁上。立春时贴的就叫"春帖子"。

宋代还孕育了明清时流行的"岁朝清供图"。岁朝图应该叫节令图，因为不只是记录岁朝，只是由于岁朝图为节令画之首，也最著名，画者较多，所以叫这个名称。南宋画家李嵩《花篮图》中的冬花图画的就是"岁朝清供"。竹篮里插满红山茶、绿萼梅、瑞香、水仙、蜡梅等元日时令花，也对应小寒节气的花信风候一候梅花、二候山茶、三候水仙和大寒节气的花信风候一候瑞香。岁朝清供图也常涉及蔬果，应该与在元日与屠苏酒一起吃的"五辛盘"有关。吃五辛、喝椒酒都为了祛病、发五藏（脏）之气，所以五辛是气味浓郁芬芳的大蒜、葱、韭菜、芸苔（油菜）、胡荽（香菜）。宋末诗人汪元量《幽州除夜》诗"厨出辛盘钉簇花"写的就是蔬菜簇成花样的五辛盘。宋代五辛盘逐渐和立春（和元日时间接近）的春盘融合，蔬菜品种更丰富，欣赏性更强。司马光《春帖子词》"玉盘翠苣映红蓼"、范成大《立春大雪招亲友共春盘坐上作》"菘甲剪翠羽，韭黄截金钗"和杨万里《郡中送春盘》"韭芽卷黄苣舒紫"，写的都是普通蔬菜，如白菜、萝卜，但形状色彩参差体现了清供的可品和可赏。

元日后首个节气是立春。古代一般以立春为孟春（初春）开始。立春时万物复苏，农民开始耕耘播种。苏轼《减字木兰花·立春》词云"春牛春杖，无限春风来海上……春幡春胜，一阵春风吹酒醒"，描写农民扮成春神"勾芒神"鞭打土牛（泥制牛），"打春"劝（激励）农耕的场景。树上或头上悬挂用布纸剪刻

图4-2 《岁朝图》 [宋] 赵昌 (台北『故宫博物院』藏)

成的彩色春幡和春胜（春幡上有字。春胜原是妇女发饰上的剪纸，也称剪胜，可能是现代剪纸的发源），以示迎接春天。苏轼《章钱二君见和复次韵答之》诗云"分无纤手裁春胜"。正月初七是人日。传说女娲初创世，在正月初一至初六造出鸡、狗、猪、羊、牛、马六畜后，于第七天造出了人，所以这一天是人类的生日。人日民间也有剪胜风俗，李清照《菩萨蛮·归鸿声断残云碧》词中的"钗头人胜轻"就写了这种风俗。

正月十五上元节，也叫元夜、元夕夜，今称元宵节，是全民狂欢的节日。李清照《永遇乐·落日熔金》词云："春意知几许。元宵佳节，融和天气。"宋代上元节还兴挂灯联。有人说南宋权相贾似道是第一个制灯联的人，他的门客集唐宋诗句作灯联："天下三分明月夜，扬州十里小红楼。"其实灯联在北宋时已出现。《梦粱录》卷一《元宵》云："正月十五日元夕节，乃上元天官赐福之辰。"上元节、中元节、下元节三元节都在十五月圆时，都是道教节日，天官赐福，地官赦罪，水官解厄。上元节是三元之首，开灯赏月可祈福。上元节其实也是中国古代的情人节，平时难得一见的情侣可相约共欢。欧阳修有一首曾被误认为是女词人朱淑真所作的名词《生查子》，词云："去年元夜时，花市灯如昼。月上柳梢头，人约黄昏后。"写元宵热闹和男女自由交往的情景。

农历正月底到二月初间有节气惊蛰，这是二十四节气中的第三个节气。此时春意更浓，一声惊雷唤醒大地万物。苏辙《游景仁东园》诗"新春甫惊蛰"、范成大《秦楼月·浮云集》词"浮云集，轻雷隐隐初惊蛰"都提及惊蛰。秦观《春日》诗"一夕轻雷落万丝……有情芍药含春泪，无力蔷薇卧晓枝"也写惊蛰，惊蛰三候的花信风候是蔷薇。

花朝节一说在二月初二，一般认为二月十五日百花生日是花朝节。南宋词人周密《花朝溪上有感昔游》诗云："枕上鸣鸠唤晓晴，绿杨门巷卖花声。探芳走马人虽老，岁岁东风二月情。"写花朝时百花盛开的景象。这是个主繁殖的节日。春社也是个不很确定的节日，一说在仲春二月初，又说在三月底。苏轼《蝶恋花·密州上元》词写上元赏灯，却提及"击鼓吹箫，乍入农桑社"，可见有的地方春社在农历二月初二"龙抬头"时，社火、社戏和元宵歌舞狂欢连日进行。而晏殊《破阵子·春景》词云"燕子来时新社，梨花落后清明……日长飞絮轻"，其中提到的"新社"在暮春农历三月，与清明节不远。春社又名土地诞、社日，是古老的传统农业节日，是春季祭祀土地神（土神和祭祀处都叫社）的日子，一般定在立春节气后第五个戊日，因为戊在天干中五行属土，可推算出春社在立春后的第四十一天至第五十天，和仲春的春分节气时间相近。欧阳修《踏莎行》中的"雨霁风光，春分天气，千花百卉争明媚"、《阮郎归·南园春半踏青时》中的"青梅如豆柳如眉，日长蝴蝶飞"，写的是昼夜平分春已半、白日渐长春渐浓的春分节气。由于信奉土生万物，农民要立社祭祀，以歌舞祈求丰收或回报土神。陆游《游山西村》诗云"箫鼓追随春社近"，梅尧臣《春社》诗云"年年迎社雨，淡淡洗林花。树下赛田鼓，坛边伺肉鸦。春醪酒共饮，野老暮相哗。燕子何时至，长皋点翅斜"。"赛田鼓"指社戏、社火表演，"坛边伺肉鸦"指祭祀后的祭品有社坛神鸦来享用。

在孟春、仲春的节气（孟春的立春、雨水和仲春的惊蛰、春分）、节日（包括已入季春的春社）里，春意萌发，生机最盛，所以有许多祈求吉祥、追求繁衍的民俗活动，可谓天人合一的典型体现。

新火新茶

大概是由于春意渐浓，季春的节日更有诗意。《诗经》有农历三月上旬巳日进行祓禊（修禊）祛除不祥的描写。《论语·先进》中的"暮春者，春服既成，冠者五六人，童子六七人，浴乎沂，风乎舞雩，咏而归"，是上巳节采兰沐浴、郊游歌咏的写照。魏晋时崇尚自然、游览山水的风气兴盛，上巳节增添了祭祀宴饮、曲水流觞等内容，时间一般定在农历三月初三（重三）。东晋王羲之主持的兰亭雅集就是上巳禊饮。宋代上巳节洗去长冬污秽、感受春意的功能逐渐被同在季春的节日节气如寒食、清明所取代，节日感有所淡化，但仍存遗俗。《神童诗》"浴沂谁氏子，三叹咏而归"，追念孔子遗风。辛弃疾《鹧鸪天·上巳风光好放怀》词"茂林映带谁家竹，曲水流传第几杯"、刘克庄《忆秦娥·上巳》词"修禊节。晋人风味终然别……等闲写就兰亭帖"，则是缅怀兰亭雅集。由欧阳修《采桑子·清明上巳西湖好》词可知，清明、上巳两节因时间接近在概念上有些模糊。杨万里《上巳寒食同日后圃行散》诗云"百五重三并一朝"，《次公满秩来归，偶上巳、寒食同日，父子小酌》诗云"又是一年修禊时，何须曲水泛金卮？……上巳巧当寒食日"，

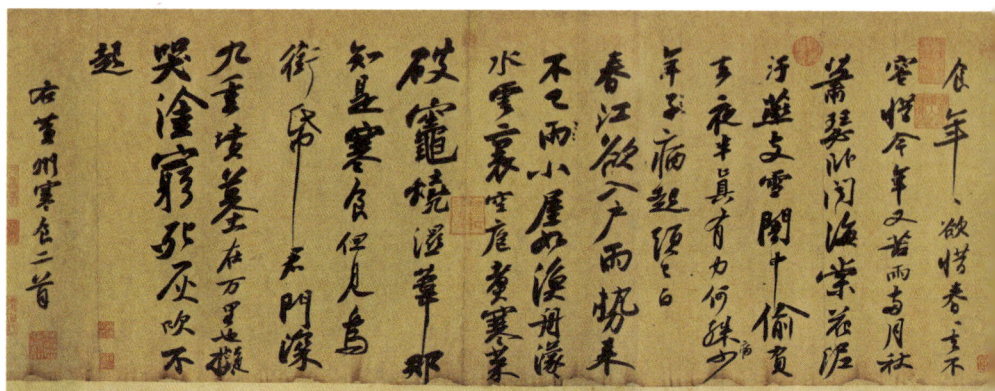

图4-3 《黄州寒食诗帖》（局部） 〔宋〕苏轼 （台北"故宫博物院"藏）

说上巳、寒食恰好是同一天，可侧面见证上巳（重三）、寒食（百五）的融合。苏轼《海南人不作寒食而以上巳上冢》诗作于被贬海南时，他发现当地没有寒食节而在上巳节上坟。

寒食节也是古老的节日，源自上古时因初春干旱容易引发山火而禁火、吃冷食的旧俗。仪式上，先熄灭火种，隔一段时间后重新钻燧取火，开始新的生产和生活，名为"改火""取新火"。又附会晋文公和介子推的故事，说介子推隐逸不肯出山抱木被焚而死，为纪念他所以禁火寒食。寒食节在前一年冬至后的第一百零五天，又名"一百五""百五节"。梅尧臣《依韵和李舍人旅中寒食感事》诗云"一百五日风雨急"，杨万里《寒食日晨炊姜家林，初程之次日也》诗云"百五佳辰匹似无"，刘克庄《寒食清明十首》诗云"佳节一百五"，都将寒食称为"一百五"。

清明和谷雨是春天六个节气中的最后两个，在季春。清明因春景清和明丽得名，时间与寒食节相近重叠。宋人诗词里的寒食、清明两节并存，寒食在清明前两日，共禁火三日，但因为祭扫（祭祀祖先、扫先人墓）活动在传统宗族社会中非常重要，一些在外为官经商者需要延期回乡，所以整个寒食清明节日期较长，涵盖了暮春。

寒食、清明有很多习俗，各地不尽相同，比较常规的有禁火、蒸团（糕点）、上冢（扫墓）、登山、插柳、放风筝、荡秋千等，各有辟邪祈福寓意。有些习俗至今尚存。王禹偁《清明》诗云："无花无酒过清明，兴味萧然似野僧。昨日邻家乞新火，晓窗分与读书灯。"写书生书斋苦读，寒食多日禁火，萧瑟过清明，求取新火后马上继续点灯苦读。张先《木兰花·乙卯吴兴寒食》词云："龙头舴艋吴儿竞，笋柱秋千游女并……秀野踏青来不定。"写湖州寒食节的踏青、荡秋千、划船等活动。程颢《郊行即事》诗云："芳原绿野恣行时……况是清明好天气，不妨游衍莫忘归。"写清明郊野游春。蔡襄《开州园纵民游乐二首》诗云："节候近清明，游人已踏青。插花穿载户，酤酒向旗亭。"写清明踏青人群插花来往。李清照《念奴娇·萧条庭院》词云："又斜风细雨……宠柳娇花寒食近，种种恼人天气……楼上几日春寒……多少游春意……更看今日晴未？"写寒食天气多雨不能游春的苦恼。又《浣溪沙·淡荡春光寒食天》词云"海燕未来人斗草……黄昏疏雨湿秋千"，写女子斗草、荡秋千等活动。另一位女词人朱淑真《生查子·寒食不多时》词云："寒食不多时，几日东风恶。无绪倦寻芳，闲却秋千索……寂寞梨花落。"也写因天气不好无心游春寻芳的心境。又《浣溪沙·清明》词说"恼人光景又清明"。梨花是寒食节候的时令花,洁白如雪很应祭扫情境,而且是春分节气的花信风候,所以写寒食、清明的诗词中常出现梨花。陆游《临安春雨初霁》诗云"犹及清明可到家",写期待清明回乡扫墓的心情。杨万里《寒食上冢》写扫墓经历。又《清明雨寒八首》(其一)云:"今年寒食与清明,各自阴晴作么生。细雨千丝不成点,如何也解滴檐声。"写"清明时节雨纷纷"的节候特色。范成大《寒食郊行书事二首》诗云"……鸟啄纸钱风。媪引浓妆女,儿扶烂醉翁",生动地刻画了扫墓烧纸、踏青嬉游的寒食节哀乐两面。刘克庄《寒食二首》(其一)云"……不知榆火与杨花。燔山无觅之推处……",写以榆柳取新火、插柳等清明习俗,还提及介子推的传说。苏轼的《望江南·超然台作》词云:"寒食后,酒醒却咨嗟。休对故人思故国,且将新火试新茶。诗酒趁年华。"写不能归乡扫墓的遗憾,但苏轼毕竟是调适心境的高手,说"且将新火试新茶",用新取的火试着烹煮刚采的"明前"新茶,追求其《寄黎眉州》诗所说的"共将诗酒趁流年"的境界。苏轼的另一首《东栏梨花》诗云:"梨花淡白柳深青,柳絮飞时花满城。惆怅东栏一株雪,人生看得几清明。"也是一样超然豁达。高翥《清明日对酒》诗云:"南北山头多墓田,清明祭扫各纷然。纸灰飞作白蝴蝶,泪血染成红杜鹃。日落狐狸眠冢上,夜归儿女笑灯前。人生有酒须当醉,一滴何曾到九泉。"通俗地表达了看淡生死及时行乐的观点。黄庭坚《清明》诗云:"佳节清明桃李笑,野田荒冢只生愁。雷惊天地龙蛇蛰,雨足郊原草木柔。人乞祭余骄妾妇,士甘焚死不公侯。贤愚千载知谁是,满眼蓬蒿共一丘。"是高翥《清明日对酒》诗的哲理提升版。最后两句也抒发了人死万事休、身后是非贤愚谁管得了的叹息，但"士甘焚死不公侯"一句借介子推宁可被烧死也不违背初心的选择，道出士人的风骨气节。吴惟信《苏堤清明即事》诗云"梨花风起正清明，游子寻春半出城"，描写杭州西湖边清明扫墓游春的景象。张炎《朝中措·清明时节雨声哗》词云"清明时节雨声哗……折得一枝杨柳，归来插向谁家"，借清明凄风苦雨和祭祖扫墓折柳归来无处可插来委婉倾诉亡国后无处寄托的家国情怀。

　　清明之后是谷雨。据说"谷雨"因"雨生百谷"得名，是季春最后一个节气。苏轼《天仙子·走马探花花发未》词云"谷雨清明空屈指"，说清明、谷雨两节气时间很接近，节候特色也相似，多雨水。晁冲之《感皇恩·寒食不多时》词云："寒食不多时，牡丹初卖。小院重帘燕飞碍。昨宵风雨，只有一分春在。"辛弃疾《满江红·暮春》词云："又过了、清明寒食。花径里、一番风雨，一番狼藉。红粉暗随流水去，园林渐觉清阴密。"都写寒食、清明过后花事渐少，绿肥红瘦。不过谷雨节气仍有春意。蔡襄《十八日陪提刑郎中吉祥院看牡丹》诗云："节候初临谷雨期，满天风日助芳菲。"说谷雨初到，牡丹盛开。谷雨的花信风候第一候就是牡丹。陈允平《过秦楼·寿建安使君谢右司》词也说："谷雨收寒，茶烟飐晓，又是牡丹时候。"谷雨之后就是"开到荼蘼花事了"。不过，花事虽了，农事正盛。范成大《蝶恋花·春涨一篙添水面》词云："江国多寒农事晚。村北村南，谷雨才耕遍。秀麦连冈桑叶贱。看看尝面收新茧。"

写了江南农村谷雨时的繁忙农事。谷雨前采摘的茶叶为"雨前茶(谷雨茶)",不如苏轼提到的清明新茶"明前茶"(又名"火前茶",即换新火前的茶)金贵,但茶味更浓郁,更适合平民。林逋《尝茶次寄越僧灵皎》诗云:"白云峰下两枪新,腻绿长鲜谷雨春。静试恰如湖上雪,对尝兼忆剡中人。瓶悬金粉师应有,箸点琼花我自珍。清话几时搔首后,愿和松色劝三巡。"描写西湖边产的谷雨春茶。"枪",特指茶树初萌的嫩芽。林逋说静静地将茶碾成粉末,以竹箸(筷子)点茶,茶的乳花(琼花)如西湖白雪,品茶三巡时想起与灵皎禅师清话(闲谈)的情景。新火新茶里,是春日的无尽诗意雅韵。

梅雨端阳

夏日的节气也是六个，依次是初夏的立夏、小满，仲夏的芒种、夏至，夏末的小暑、大暑。

进入夏日（农历四月）后，第一个节气是立夏，它标示夏天的来到。此时花信风候已过，芳菲都歇。苏辙《次韵刘敏殿丞送春》写"四月十一日立夏"送春之意："春去堂堂不复追……芳意从今日日非。"杨万里《初夏即事十二解》诗指明"立夏"是初夏，开的花只有石榴："从教节序暗相催，历日尘生懒看来。却是石榴知立夏，年年此日一花开。"道家诗人白玉蟾《见莺三首》诗云"又是残春将立夏"，称立夏为春夏之交。司马光《四月十三日立夏呈安之》诗有"留春春不住"之叹。陆游有多首写立夏前后风色风俗的诗，如《立夏前二日作》云："余春只有二三日……残红一片无寻处，分付年华与蜜房。"说春天只有两三天了，花儿都落尽，只有蜂蜜见证它们曾经的存在。又《立夏》诗云："泥新巢燕闹，花尽蜜蜂稀。槐柳阴初密，帘栊暑尚微。日斜汤沐罢，熟练试单衣。"也说花儿不见，蜜蜂也少了，燕子归来筑巢，泥土是新的，槐柳树荫浓密了，天气还不热，已换穿单衣了。《四月旦作时立夏已十余日》是立夏后所作："争叶蚕饥闹风雨，趁虚茶懒斗旗枪。林中晚笋供厨美，庭下新桐覆井凉。堪笑山家太早计，已陈竹几与藤床。"言春蚕生长旺盛，吃桑叶声如风雨，茶叶大量采摘，已不如春茶稀奇，林中还有迟出的春笋，梧桐浓密形成浓荫使得井水清凉，农民已提前备好夏天的竹几和藤床。

　　立夏后农事更忙，而且又快到江南梅雨季节。朱元夫《壶中天·人生有酒》词"蚕麦江村，梅霖院落，立夏明朝是"里的"梅霖"就是指梅雨。梅雨时间各地不同，与小满、芒种节气大致重合。"小满"和"芒种"两个节气的命名是二十四节气里最模糊的，所以也多诗意想象空间。一说其得名和小麦麦穗开始饱满、长出麦芒有关，也说与降水、农忙有关，小满江河水涨，芒种谐音忙种。总之都与农作相关。欧阳修《归田园四时乐春夏二首》（其二）据说是写小满的："南风原头吹百草，草木丛深茅舍小。麦穗初齐稚子娇，桑叶正肥蚕食饱。老翁但喜岁年熟，饷妇安知时节好。野棠梨密啼晚莺，海石榴红啭山鸟。"从南风、麦子、蚕桑、石榴花等景物看，应该符合这个节令。欧阳修《小满》诗又云"最爱垄头麦，迎风笑落红"，写"岁年熟""时节好"引发的喜悦。王安石《初夏即事》诗云"晴日暖风生麦气，绿阴幽草胜花时"，写的也是风吹麦浪、绿树成荫、芳草如茵、绿肥红瘦的初夏景象。又《郊行》诗云"柔桑采尽绿阴稀，芦箔蚕成密茧肥"，写蚕桑养殖成果可喜。此时新麦即将成熟，新茧也将收成。巩丰《晨征》诗云："清和入序殊无暑，小满先时政有雷。酒贱茶饶新而熟，不妨乘兴且徘徊。"说小满节候有序，天气清明和暖，新粮即将收获，酒也不贵，茶也丰饶便宜，大家的心情正如节气"小满"，小得盈满，将满未满，有所期待，没有大满将亏的失落。所以当"乘兴且徘徊"，享受夏日的充实安宁。当然，有喜必有忧，有小满必有不满。赵蕃《自桃川至辰州绝句四十有二》云："一春多雨慧当悭……玉历检来知小满，又愁阴久碍蚕眠。"由于春天多雨，所以诗人担心蚕的蜕皮（眠）结茧。"阴久"是指春雨，也可能是指无缝接续的梅雨。

梅雨不是节气，而是一种特有的气候现象，就是初夏农历四五月间南风（东南季风）带来的暖湿气流在长江中下游地区徘徊不去而出现的久阴有雨不晴天气。因高温多雨潮湿，衣服、食品、书籍等容易霉变，所以叫"霉雨"。又恰是江南梅子黄熟季节，所以有了"梅雨""黄梅天"这些雅名。北宋贺铸《青玉案·凌波不过横塘路》词就说"一川烟草，满城风絮，梅子黄时雨"。陆游《入梅》诗云"微雨轻云已入梅，石榴萱草一时开"，说阴雨绵绵开始进入梅雨季节，是石榴和萱草当令的时候。梅雨捉摸不定，每年时间长短不同。宋人诗词写梅雨的很多，也写出了梅雨的不同侧面。曾几在"八省通衢"的浙江衢州一带写的《三衢道中》诗云："梅子黄时日日晴，小溪泛尽却山行。"说梅雨时节没有雨，小溪干涸，不能乘舟只能陆行。这一年当是非典型"干梅"天气。赵师秀《约客》诗云"黄梅时节家家雨"，写的则是典型的梅雨天气。也有折中的干湿，戴复古《初夏游张园》诗云"熟梅天气半晴阴"。梅雨时节的物象也很典型，如曾几说"绿阴不减来时路，添得黄鹂四五声"，赵师秀说"青草池塘处处蛙"，戴复古说"乳鸭池塘水浅深……

图4-4　《烟江欲雨图》（局部）　〔宋〕朴庵　（上海博物馆藏）

摘尽枇杷一树金"，蛙声鸟鸣，绿荫浓密，乳鸭戏水，枇杷金黄。周邦彦写江苏溧水夏景的《满庭芳·夏日溧水无想山作》云"风老莺雏，雨肥梅子，午阴嘉树清圆"，说沉闷的梅雨季节也不乏生机。

　　梅雨中的芒种节气也多为诗人所关注。范成大《芒种后积雨骤冷三绝》云："梅黄时节怯衣单，五月江吴麦秀寒。""梅霖倾泻九河翻，百渎交流海面宽。良苦吴农田下湿，年年披絮插秧寒。"提及梅雨带来的寒冷降水对农业的不良影响。陆游《时雨》诗云"时雨及芒种，四野皆插秧。家家麦饭美，处处菱歌长"，《芒种后经旬无日不雨偶得长句》诗云"芒种初过雨及时"，则写及时雨对农业的好处。韩淲《芒种》诗云"齐唱歌声相劳苦，蒙蒙烟里一蓑风"，描写了"忙种"的景象。

　　梅雨季里还有端午节。这是个别名很多的节日，又名"端五"。"端"指开始，就是初五。因为古时月份对应十二地支，五月为午，五又是阳数，所以又名端阳、端午。又名重五、重午是因为它是五月初五。欧阳修写过《春帖子词》，也写了不少《端午帖子词》，都提及端午节的历史和风俗。如"古今风俗记佳辰""五日逢佳节""风俗万方同""嘉节相望传有旧""岁时令节多休宴""喜节庆年年"，说端午节自古就有，宋代很普及，节日很热闹。端午节又俗称"恶月恶日"，"恶"的初意应指仲夏炎热或湿热之毒，多"邪""毒"。欧阳修诗云"风俗灵辰重祓禳……涤邪宁待浴兰汤""灵苗艾作人""采艾不须禳毒沴，涂椒自已馥清香"，尤其是"嘉辰共喜沐兰汤，毒沴何须采艾禳。但得皋夔调鼎鼐，自然灾祲变休祥"，写了采艾草等香草烧兰汤沐浴去疾去毒、用艾草做神人祈求风调雨顺等习俗。端午节又称浴兰节。另外，"香菰黏米著佳名，古俗相传岂足矜。天子明堂遵月令，含桃初荐黍新登""共荐菖华酒""翠筒传角黍""香黍筒为粽"等，则写包粽子（角黍）喝菖蒲酒的风俗。"巧女金盘丝五色""彩索盘中结""彩索续长年"等写用五彩线包粽子的祈福传说。"楚国因谗逐屈原，终身无复入君门。愿因角黍询遗俗，可鉴前王惑巧言""楚俗传筒黍，江人喜竞舡"

则解读了端午又名龙舟节、屈原日的历史意蕴。欧阳修《渔家傲·五月榴花妖艳烘》词云"五色新丝缠角粽……正是浴兰时节动。菖蒲酒美清尊共"，也写端午节的习俗。陆游《乙卯重五》诗云"粽包分两髻，艾束著危冠。旧俗方储药，赢躯亦点丹"，写江南端午节的习俗。说自己吃了两角粽子，高冠上插了艾蒿，还储备药物，并像孩子一样点了药物做的丹砂红点，以辟邪驱病。又《己未重五》诗云"门楣束艾作神人，团粽盘中节物新。安用丹书禳赤口，风波虽恶不关身"，说门上放了艾蒿束做的神人，盘子里盛了粽子，还用朱文符书来祭祀祈祷祛除"赤口"（引发是非的灾殃）。林石田《客中端午》诗云"可怜一盏菖蒲酒"。吃粽喝酒，插艾配艾，储药点丹，丹书祛灾，都是南宋江南的端午民俗，许多流传到今天。文天祥的端午诗篇则更突出历史人文意趣，如对屈原爱国情怀的思慕追悼。《端午即事》诗云"五月五日午，赠我一枝艾……丹心照夙昔……我欲从灵均（屈原）"，《端午感兴》诗云"当年忠血堕谗波，千古荆人祭汨罗"，《端午》诗云"五月五日午，薰风自南至……死作汨罗鬼……唯有烈士心，不随水俱逝。至今荆楚人，江上年年祭"，都体现了他向往屈原"虽九死其犹未悔"的坚贞心志。

天上北斗斗柄指午，夏至到，白日最长，梅雨见尾。此时虽还不是最热的节候，但夏日气息已浓。夏至风俗和端午相似，以祈福避灾为主。史浩《卜算子·端午》词云："符箓玉搔头，艾虎青丝鬓。一曲清歌倒酒莲，尚有香蒲晕。角簟碧纱厨，挥扇消烦闷。唯有先生心地凉，不怕炎曦近。"说女子簪子上挂着五毒灵符，儿童头上戴着用艾做的老虎装饰，喝祛病的菖蒲

图4-5　《水阁纳凉图》　〔宋〕佚名　（上海博物馆藏）

酒。夏日虽闷热多虫，但有凉席蚊帐，还可摇扇驱赶烦闷。何况自己这个老人还能心静自然凉，不怕烈日炎炎。范成大《夏至》（其一）云："李核垂腰祝饐，粽丝系臂扶羸。节物竞随乡俗，老翁闲伴儿嬉。"写了同是江南的苏州夏至节气乡俗。老人腰间挂了李核以使吃饭不噎，用粽子上解下来的五彩丝系在手臂上祈福长寿。

到了最热的节候小暑、大暑，宋人强调通过心境修炼以避暑热，所谓闲适自在自然凉。秦观《纳凉》诗云："携杖来追柳外凉，画桥南畔倚胡床。月明船笛参差起，风定池莲自在香。"写在水边乘凉，倚靠在可折叠坐具交床上，月下柳边听笛声，赏池中莲，自成清凉世界。杨万里《夏夜追凉》诗云："夜热依然午热同，开门小立月明中。竹深树密虫鸣处，时有微凉不是风。"说夜晚暑气不减，在月下竹林中独立，清凉的不是外在的风而是内在的心境。

七夕中秋又重阳

　　秋日的节气包括初秋的立秋、处暑，仲秋的白露、秋分，秋末的寒露、霜降。这期间穿插七夕节、重阳节等节日。

　　经过炎热的夏日后，初秋的清凉格外令人愉悦，陆游《闲适》诗就说："四时俱可喜，最好新秋时。"刘翰《立秋》诗云："乳鸦啼散玉屏空，一枕新凉一扇风。睡起秋声无觅处，满阶梧叶月明中。"说秋日悄然降临，晚上睡觉顿觉枕上新添凉爽，好像有人扇风。睡醒又不见秋风，月色映照下满阶都是飘落的梧桐叶（"秋雨梧桐叶落时"是典型秋色，梧桐落叶从立秋开始）。范成大《立秋二绝》（其一）云："三伏熏蒸四大愁，暑中方信此生浮。岁华过半休惆怅，且对西风贺立秋。"说三伏如熏蒸的苦夏过后，立秋西风起，虽然一年时光（岁华）流逝了一半有点惆怅，但迎来金秋还是值得庆祝的。韩淲《立秋后一日闻雨》诗云"秋来便觉雨萧萧，凉入西风百虑销"，也说金风送爽令人百虑消除。方回《立秋》诗云："暑敕如闻降德音，一凉欢喜万人心。虽然未便梧桐落，终是相将蟋蟀吟。"更将秋凉比作老天的恩赐，它令普天下人喜悦。此时梧桐虽未落叶，但秋虫已开始吟唱。释道璨《立秋》诗云："碧树萧萧凉气回，一年怀抱此时开。槿花篱下占秋事，早有牵牛上竹来。"也说凉气回归，令人愉悦。秋天的木槿、牵牛花都是时令花。春秋佳日，引动诗思，所以方岳《立秋》诗云"秋日寻诗独自行，藕花香冷水风清。一凉转觉诗难做，付与梧桐夜雨声"。荷花水风，梧桐夜雨，都是诗意。

初秋天气也有反复，因为立秋后还有一个节气叫处暑，就是"秋老虎"。方夔《立秋》诗云："星光如月映长空，惊起愁眠夜向中。残暑不妨欺枕簟，隔窗鸣叶是西风。"说初秋仍有暑气残留，残留枕上的暑热和窗外秋风吹落叶的声音让人不能入睡，于是起来看星空。秋色高爽，星空明朗。也许诗人可以看到银河两边的牛郎织女星，正如方回《立秋》诗里的"初夜银河正牛女"。七夕节就在立秋前后。秦观作有《渔家傲·七夕立秋》词，说那一年七夕、立秋都在七月初七。

七夕传说缘起天文上的银河（天河）和看起来像在银河两边的牵牛、织女二星，而且农历七月时两星看起来似乎比较近。西汉时鹊桥相会的故事已成形，东汉有了"迢迢牵牛星，皎皎河汉女……盈盈一水间，脉脉不得语"（佚名《古诗十九首·迢迢牵牛星》）诗。七夕有看天河、祈福寿等风俗，所以又有"双星节"的别名。七月初七还是女性节日，有女子穿针、乞巧等风俗，又叫"乞巧节""巧夕"。梅尧臣《七夕》诗云"巧意世争乞……五色金盘果，蜘蛛浪作窠"，写女子为了向善于纺织的织女乞求灵心巧慧摆出果盘，看谁的果盘吸引蜘蛛（会织网被认为是巧的象征）。秦观《鹊桥仙》词云："纤云弄巧，飞星传恨，银汉迢迢暗度。金风玉露一相逢，便胜却人间无数。柔情似水，佳期如梦，忍顾鹊桥归路。两情若是久长时，又岂在朝朝暮暮。"
这是著名的七夕词，结尾两句是千古绝唱。张耒得到苏轼盛赞
的《七夕歌》长诗，叙述了牛郎、织女七夕鹊桥相会的来龙去脉：
"人间一叶梧桐飘，蓐收行秋回斗杓。神宫召集役灵鹊，直渡
天河云作桥。桥东美人天帝子，机杼年年劳玉指。织成云雾紫
绡衣，辛苦无欢容不理。帝怜独居无与娱，河西嫁得牵牛夫。
自从嫁后废织纴，绿鬓云鬟朝暮梳。贪欢不归天帝怒，谪归却
踏来时路。但令一岁一相逢，七月七日河边渡……寄言织女若
休叹，天地无情会相见。犹胜嫦娥不嫁人，夜夜孤眠广寒殿。"
说天地虽无情，而有情人终会相会，是秦观"金风玉露一相逢，
便胜却人间无数"的另一种说法。

宋人还有其他很多咏七夕名篇。梅尧臣《七夕有感》诗云"一
逝九泉无处问，又看牛女渡河归"，以牛郎、织女一年能相会
一次反衬自己与亡故妻子的永不相见，令人辛酸。吴文英《荔
枝香近·七夕》的"天上、未比人间更情苦"表达的是同一个
意思。梅尧臣还写有《七夕咏怀》诗，说牛郎、织女一年只能
见一次是"天意与物理，注错将何求"的注定无奈。最后又写
到七月初七晒衣、晒书的习俗："尝闻阮家儿，犊鼻竹竿头。
人生自有分，岂愧曝衣楼。"用了《世说新语》的典故：南朝
士族阮氏分富的北阮和穷的南阮，七月初七北阮晒华美衣服，
南阮名士阮仲容却用竹竿挑挂粗布短裤在庭院里。人们觉得奇
怪，他回答说："未能免俗，也跟着这样做做。"古人又将牛郎、
织女比作男耕女织的农民。范成大《秋日田园杂兴》（十二首）
（其二）云："朱门巧夕沸欢声，田舍黄昏静掩扃。男解牵牛

图4-6 《乞巧图》 〔宋〕佚名 （美国大都会艺术博物馆藏）

女能织，不须徼福渡河星。"农家夫妻日日相守，无须去向这对"渡河星"乞求幸福。宋时以《鹊桥仙·七夕》为题的词很多，而范成大的写法很特别。其上阕俏皮："双星良夜，耕慵织懒，应被群仙相妒。娟娟月姊满眉颦，更无奈、风姨吹雨。"说七夕是双星一年一度相会的好日子，这对平时忙碌的小夫妻也懒得耕织了。可惜今天不见月亮，有风雨，看不见牛郎织女星渡银河，是不是他们被天上的寂寞仙子们嫉妒了？所以月姐蹙眉，掌风雨的风姨也鼓风吹雨。下阕有点悲观："相逢草草，争如休见，重搅别离心绪。新欢不抵旧愁多，倒添了、新愁归去。"说匆匆见一次反而悲伤，不如不见。苏轼的同题词则跳出男女之情："不学痴牛骏女……相逢一醉是前缘，风雨散、飘然何处？"说不学牛郎织女这对痴男怨女沉湎感情，有缘相逢一起沉醉只是为了偿还前生缘分，分别后飘然而去不再挂念。写得非常洒脱。其他七夕翻出新意的诗词还有很多。杨朴《七夕》诗云"年年乞与人间巧，不道人间巧已多"，愤世嫉俗地说世人机巧之心已太多，不必再乞巧了。吴芾《七夕戏成二绝》诗云："寄语天河牛女星，人人乞巧望聪明。老夫养拙生憎巧，只要冥心度此生。"说自己喜欢朴拙不喜欢机巧，所以不乞巧。真山民《七夕》诗云："世上痴儿女，争趋乞巧筵。妇鸠甘抱拙，不诮鹊桥仙。"也叹息说世间痴情男女争着乞巧，不如斑鸠甘于守拙，不学喜鹊去假装鹊桥仙。

　　七夕后是七月十五中元节，又名地官节、盂兰盆节。宋代的中元节，多人间烟火，少鬼节阴森。南宋末宋伯仁《观寺中盂兰盆会有叹》的"满地纸钱香篆冷"和一说是南宋末诗人仇

图4-7　《春社醉归图》·传〔宋〕李唐　（美国波士顿艺术博物馆藏）

远所著《中元》诗的"华灯浮白水，老衲诵冥文"，写了中元节祭奠先人和放河灯祈福等风俗。

古人讲究春祈秋报，春社是祈求农业丰收，秋社是丰收后祭祀、感谢土地神，相对不如春社重要。秋社在立秋节气后的第五个戊日，大约在农历八月新谷登场时。此时，百姓因丰收而饮酒歌舞庆祝，苏辙《次韵王巩留别》诗云"秋社相从醵钱饮"，陆游《秋夜感遇十首》诗云"牲酒赛秋社"。陆游还有几首《秋社》

诗，诗云"社鼓冬冬赛庙回。又见神盘分肉至""社肉分初至，官壶买旋倾""明朝逢社日，邻曲乐年丰"，写了丰年秋社之乐，与他写春社的"箫鼓追随春社近"相呼应。吴文英《生查子·秋社》词的"神前鸡酒盟"也体现了南宋民俗。晏殊"燕子来时新社"写的是春社，燕子春社时来秋社时去，所以有"社燕"之称。"社燕"是宋代诗词中常见的意象。苏轼《送陈睦知潭州》诗云"有如社燕与秋鸿"，说友人离去如秋社时的燕子和鸿雁。宋代遗民诗人谢翱《秋社寄山中故人》诗云："燕子来时人送客，不堪离别泪沾衣。如今为客秋风里，更向人家送燕归。"也说春社时与友人分别，如今自己在异乡逢秋社，目送檐下社燕归去，很是思念故乡和故人。秋社后来渐渐式微，祭祀游乐等内容合并入中元节。

秋社时间不定，有时比较迟，就与秋分、中秋节相遇。北宋刘攽《八月十五日秋分是日又社》就说三节相遇："秋分当月半，望魄复宵中。难得良辰并，仍将吉戊同。"仲秋节气秋分与又名仲秋节的中秋节相遇的概率更高，如杨公远《癸未中秋》诗就说"景逢三五秋分夜，光异寻常月满时"。仲秋节气，先有白露，后有秋分。白露的特点是昼夜温差增大，夜晚寒生露凝，"一岁露从今夜白"（丘葵《白露日独立》）。秋分昼夜平分，秋日也过半，谢逸《点绛唇·金气秋分》词云"风清露冷秋期半"。《神童诗》里写秋分的"灯火夜偏长"，是说此后夜长日短。《神童诗》写中秋也说过"秋景今宵半"。

中秋节在八月十五望日。郭印《中秋马溪山中望月》诗云："佳月四时有，古来重中秋。"一年十二个月都有月圆日，为何八月十五被特别重视？京镗《水调歌头》词就提出这个疑问：

图4-8　《江妃玩月图》　〔宋〕佚名　（上海博物馆藏）

"明月四时好，何事喜中秋？"因为秋月清朗，月到中秋分外明、分外圆。苏轼《水调歌头·明月几时有》词云"人有悲欢离合，月有阴晴圆缺，此事古难全"，说人生遗憾，但仍期待"千里共婵娟"的圆满。苏轼的另一首中秋名篇《中秋月》诗云："暮云收尽溢清寒，银汉无声转玉盘。此生此夜不长好，明月明年何处看。"说秋日夜空无云，天地间流泻清寒，银河横亘无声，圆月移动如晶莹玉盘，星月美不胜收。此生难得见到如此完满的明月，可惜明年不知道在哪儿和谁看这中秋月了。这首诗于完满时想到不完满，与《水调歌头》的不完满时想到完满形成对照。辛弃疾《满江红·中秋寄远》的名句"但愿长圆如此夜，人情未必看承别"，化用了"但愿人长久"之句，说愿天上明月常如今夜这般圆，希望人间不要总是别离。宋人写秋日多惆怅失落感，但也有豁达明朗的。苏轼《赠刘景文》诗云："荷尽已无擎雨盖，菊残犹有傲霜枝。一年好景君须记，最是橙黄橘绿时。"描写秋天景物色彩明丽、毫不衰败，且风骨傲然、意境开朗。

祈求人团圆的中秋节后，是祈求长寿的重阳节。重阳节在九月初九，又名重九节。古人以九为阳数，且有长久之意，所以设为敬老祝寿之节。宋代和唐代一样，九月初九要登高、喝酒、插茱萸，宋祁《九日置酒》就说"满插茱萸望辟邪"。此时也用彩色绢帛剪成茱萸和时令花卉菊、木槿等的形状互相赠送和佩戴，寄托美好祝愿。

宋代重阳诗词也多佳篇。晏殊《诉衷情·芙蓉金菊斗馨香》词云："芙蓉金菊斗馨香。天气欲重阳。远村秋色如画，红树间疏黄。流水淡，碧天长。路茫茫。凭高目断。鸿雁来时，无限思量。"上阕写秋色明丽，下阕写秋景高远，有重阳典型风物，如拒霜木槿、傲霜菊花、经霜红叶、南飞秋鸿等，意境脱俗，情思缱绻。范仲淹《九日》诗云："欲赋前贤九日诗，茱萸相斗一枝枝……绿鬓爱随风景变，黄华能与岁寒期。登高回处狂多少，笑杀襄阳拍手儿。"也写了登高吟诗等风俗、茱萸黄菊等风物。"岁寒"指天气渐冷，也借喻老年人生。诗人说自己如拒霜黄菊，能抵抗岁寒。苏轼《定风波·重阳》词云："与客携壶上翠微，江涵秋影雁初飞，尘世难逢开口笑，年少，菊花须插满头归。酩酊但酬佳节了，云峤，登临不用怨斜晖。古往今来谁不老？多少，牛山何必更沾衣。"化用唐代诗人杜牧名篇《九日齐山登高》诗意，抒发看淡生老病死的豁达情怀。说重阳与友人携酒登高，人生难得遇到像这样开心欢笑的时刻。不如聊发少年狂，满头插上黄菊乘兴归来，以一场大醉报答佳节美景，奋力登上高山。不去抱怨落日余晖，就像不叹息年华老去。

重阳节前后就是秋天最后的节气寒露和霜降，两者都可能与重阳节重叠。陆游《嘉定己巳立秋得膈上疾近寒露乃小愈十二首》中的一首云："八月吴中风露秋，子鹅可炙酒新篘。老人病愈乡闾喜，处处邀迎共献酬。"写晚年隐居乡里为乡老的他，在农历八月底寒露节气时疾病初愈，受邀参加重阳节敬老宴饮。邵雍《秋怀三十六首》（其一）云"寒露缀衰草，凄风摇晚林"，俞桂《即事》诗云"薄薄轻轻寒露雨，微微飒飒早秋风"，写到草木经秋风秋雨后凝露带霜。到了霜降，天气更冷，白露为霜。苏轼《南乡子·重九涵辉楼呈徐君猷》词云"霜降水痕收，浅碧鳞鳞露远洲"，写到与霜降重合的重阳节。说霜降水位下降，露出江中小洲。黄庭坚《谪居黔南十首》（其二）云："霜降水反壑，风落木归山。冉冉岁华晚，昆虫皆闭关。"模仿白居易的《岁晚》诗。"水反壑"与苏轼的"水痕收"一样写霜降后雨水减少，水不再于天地间循环而回到深谷。时光冉冉流逝到了岁暮，昆虫也休眠，天地万物回到"秋收冬藏"周而复始的起点本源。

腊月岁暮

冬日虽冷，岁暮虽晚，却并不单调乏味。冬日节气依次是立冬、小雪、大雪、冬至、小寒、大寒，节候特征差别不大，都是寒冷与冰雪，这期间穿插重叠多个祭祀祈福节日。冬衣暖炉，满是人间烟火、尘世温暖。

冬天的开始是十月初一的寒衣节，又名十月朝、十月朔（初一）、祭祖节、重阴节、冥阴节、秋祭，与清明节、上巳节、中元节一起被称为四大纪念祖先的祭祀节。寒衣节是给身边亲人做送冬衣的日子，也不忘给祖先烧纸做的冬衣以寄思念。范成大《十月朔客建业不得与兄弟上冢之列悲感成诗》写寒衣节不能回家扫墓祭祖的所感所思。这一天也是"开炉"的日子，范成大有《乙巳十月朔开炉三首》，其一云："石湖（他晚年隐居家乡住所）今日开炉，纸窗银白新糊。童子烧红榾柮，老翁睡暖氍毹。"说今日开炉生火，房间也新糊了洁白窗纸以保暖。童子烧红炉中炭块，老翁我在温暖的毛毯上酣睡，满是暖意。

冬日的开端也可以是立冬节气。释文珦《立冬日野外行吟》诗云"天水清相入，秋冬气始交"，即说立冬才由秋入冬。立冬节候，有时偏暖，如陆游《今年立冬后菊方盛开小饮》云"胡床移就菊花畦，饮具酸寒手自携"，菊花还在，可以趁晴暖去户外饮酒；有时偏冷，"红泥小火炉"不可少，诗人紫金霜（一说佚名）《立冬》诗的末句云"拟约三九吟梅雪，还借自家小火炉"，范成大《初冬》也说"节令坚冰始……红泥炉畔酒"。仇远《立冬即事二首》云："细雨生寒未有霜，庭前木叶半青黄。小春此去无多日，何处梅花一绽香。""凄风浩荡散茶烟，小雨霏微湿座毡。肯信今年寒信早，老夫布褐未装棉。"由"寒信早"和诗人还没来得及换上冬衣可知，此年立冬蛮冷。诗人又说"小春此去无多日，何处梅花一绽香"，冬天终会过去，春天即将来临，已闻到梅花香了。

　　十月初一还是传统道教节日"五腊"里的民岁腊。中国古代的"四时（四季）八节"之"八节"有很多版本。道教的"三元五腊"是其中之一，"三元"即一月十五上元节、七月十五中元节、十月十五下元节，"五腊"即正月初一元日天腊、五月初五端午地腊、七月初七七夕道德腊、十月初一寒衣节民岁腊、腊月（十二月）初八王侯腊。"三元"指道教认为的天地万物基本元素天、地、水，也指道教供祀的三官天官、地官、水官。上元节天官赐福、中元节地官赦罪、下元节水官解厄，都是民间期望消灾祈福的节日。下元节现已消亡，但宋人诗篇里仍多吟咏。杨万里《下元日诣会庆节所道场，呈余处恭尚书》诗"琳宫朝谒早追趋……自拈沉水祈天寿"、陆游《下元日五更诣天庆观宝林寺》诗"朝罢琳宫谒宝坊……五斗驱君早夜忙"，都提到诗人在下元节早起去道观寺院点香祈祷国泰民安。而"五腊"都是道教的修斋祭祀日。王侯腊又名腊日祭，一开始时间不定，与传入中国的佛教腊八节融合后，定在腊月初八。苏轼《腊日游孤山访惠勤惠思二僧》诗写的腊日可能还是腊月初一。"腊日不归对妻孥，名寻道人（僧人）实自娱"写了冬日在西湖边自在漫游，"天欲雪，云满湖……纸窗竹屋深自暖，拥褐坐睡依团蒲"写了冬日湖上欲雪，也写了孤山僧舍的温暖。南宋时腊八粥（佛粥）已在诗中常见。陆游《十二月八日步至西村》诗云"腊月风和意已春……今朝佛粥交相馈"，写村民互相馈赠腊八粥。腊月是每年最后一个月，因腊祭（嘉平祭）而得名，又名嘉平月，《神童诗》写腊月就说"时值嘉平候，年华又欲催"。

　　大雪节气之后、小寒节气之前是冬至节气，是二十四节气中最早确定的节气之一。这一天是一年中日影最长的一天，也称冬节、长至节。又曾认为是新一年的开始，所以也称亚岁。宋人很重视冬至。苏轼《冬至日赠安节》诗云"我生几冬至，少小如昨日"，问这是他生命里的第几个冬至，说想起小时候过的冬至宛如昨天。范成大《满江红·冬至》词云"寒谷春生……新阳后、便占新岁，吉云清穆"，说此时虽还是寒冬，春意却已暗自萌生，明日朝阳升起后就可以看天象云气占卜新年景了，期盼明年是"吉云清穆"的好时光。《神童诗》里写冬至的四句"檐外三竿日，新添一线长。登台观气象，云物喜呈祥"可与范成大的诗对应，也是说冬至之后白天渐长，观云气占卜新年运气。范成大《冬至晚起·枕上有怀晋陵杨使君》诗云"新衣儿女闹灯前"，写冬至到，儿女已换上新衣，家中有了新气象。《冬至日天庆观朝拜，云日晴丽，遥想郊禋庆成，作欢喜口号》诗云"丰年四海皆温饱，愿把欢心寿玉厄"，写冬至帝王祭祀天地。诗人遥遥祝愿祭典成功，庇佑四海百姓丰年都温饱。陆游《冬至》诗云："邻家祭彻初分胙，贺客泥深不到门……明朝晴霁犹堪出，南陌东阡共一樽。"言昨天冬至邻居家祭祀完毕分胙（祭祀的肉），因遇雨雪自己这个贺客没到，今天天晴了邻里可以共饮同乐。《辛酉冬至》诗云"毕祭皆扶拜，分盘独早眠"，也写冬至祭祀和分享。冬至之后就是数九寒冬即一年中最冷的时候了。而数过九九，春天就到了，天就暖了，黄庭坚《寄六祖范和尚颂》诗就说"闲坐地炉数九"。

腊月的最后就是小年、大年。小年是过年的准备日，后与祭祀灶神的祭灶节融合。宋代已有灶神上天的传说，范成大《祭灶词》云："古传腊月二十四，灶君朝天欲言事。云车风马小留连，家有杯盘丰典祀。猪头烂热双鱼鲜，豆沙甘松粉饵团。男儿酌献女儿避，酹酒烧钱灶君喜。婢子斗争君莫闻，猫犬角秽君莫嗔。送君醉饱登天门，杓长杓短勿复云，乞取利市归来分。"写用好酒好菜小心侍奉灶君，希望他多说好话为来年造福。文天祥在就义前写的《二十四日》诗提到"春节前三日，江乡正小年"，并自注"俗云小年夜"。他是江西人，与苏州人范成大都是南方人，南方小年在腊月二十四，比北方晚一天。文天祥感慨新年没有春，寄托了亡国哀思。

除夕是农历年的最后一天，又名岁夕、岁除、大年夜、除夜、大晦日，一般在十二月三十，有时廿九也称二九暝。宋人写除夕的诗很多。苏轼《守岁》诗云："欲知垂尽岁，有似赴壑蛇。修鳞半已没，去意谁能遮？况欲系其尾，虽勤知奈何。"将即将过完的"蛇年"比作一条要钻进岁月深谷、身子已一半不见的蛇，说想努力地系住这一年最后的尾巴，无奈蛇的去意却不可阻挡。接着写家人守岁："儿童强不睡，相守夜欢哗。晨鸡且勿唱，更鼓畏添挝。坐久灯烬落，起看北斗斜。明年岂无年？心事恐蹉跎。努力尽今夕，少年犹可夸。"说家里的孩子也努力不睡，一起守夜欢笑。但除夕夜还是无情地过去了，希望公鸡不要晨鸣，更鼓声声也让人害怕。久坐一夜，灯芯燃尽坠落，起身看到北斗七星已横斜。天就要亮了。其实新的一年也有相似的年节，只是害怕岁月错过，还是尽力珍惜这一夜。《神童诗》写除夕（寒暄、年岁）的"冬天更筹尽，春附斗柄回。寒暄一夜隔，客鬓两年催"，也说天象回转，冬春更替，一夜之间便是两年。杨无咎《双雁儿·除夕》词云："穷阴急景暗推迁……又还惊，一岁圆。劝君今夕不须眠，且满满，泛觥船。大家沉醉对芳筵。愿新年，胜旧年。""穷阴"指冬尽年终之时，说岁华急逝，一年即将过去，所以劝说对方今夕不要睡去，且在满满的酒杯里、美好的宴席中沉醉，祝愿新年更比旧年强。杨缵《一枝春·除夕》词还加上爆竹和屠苏酒意象："竹爆惊春，竞喧填、夜起千门箫鼓……停杯未举，奈刚要、送年新句……从他岁穷日暮……屠苏办了……还又把、月夜花朝，自今细数。"说爆竹声声惊醒春色，千家万户的箫鼓乐声响彻夜晚，竞相喧闹。放下酒杯，思索新诗句来送走旧年。因为已是"月穷岁尽之日"除夕夜，元日要喝的屠苏酒已备好，就此将这一年美好的时光景物再回忆一次。

　　腊月岁暮虽然寒冷，但在宋代诗人眼中也充满生机，温暖

图4-9 《雪景寒林图》 〔宋〕范宽 （天津博物馆藏）

而充实。邵雍《岁寒吟》诗云："松柏入冬看，方能见岁寒。声须风里听，色更雪中观。""岁寒"指一年的寒冷时光，也喻指人如松柏般坚贞不改的情志。松柏要在岁寒时才能见其岁寒心，就是文天祥《至扬州》诗说的"死生一片岁寒心"。正如狂风里才能显示松涛气势，雪里更显松柏的青翠。冬日是结束也是开端，是萌生的新机缘。杨万里《观雪二首》（其一）云："坐看深来尺许强，偏于薄暮发寒光。半空舞倦居然懒，一点风来特地忙。落尽琼花天不惜，封它梅蕊玉无香。倩谁细燦成汤饼，换却人间烟火肠。"看似写冬日冷冰冰的雪，却道出一片温暖安逸。诗人黄昏赏雪，雪越下越大，积雪越来越深，已经能散发出缕缕寒光。雪在半空中飞舞，似乎有一点慵懒，但只要一点微风吹过，就又忙着飞舞起来。上天让雪花落尽，丝毫不怜冰雪下的梅花，任它们盖住花香。有谁能把这雪花做成汤饼（面条），洗一洗我们这食尽人间烟火的肠胃。这或许是最动人的冬日年味。

第五篇

自是花中
第一流

玉骨冰肌未肯枯

　　李清照的一生与很多北宋末年的人一样，以北宋的覆灭为界分为前后半生。前半生的生活基调是幸运安逸的。她出身在有文化底蕴的士夫官宦家庭，祖父、父亲都是名臣韩琦的门下士。父亲李格非是熙宁九年（1076）进士，苏轼门生，"苏门后四学士"之一；母亲王氏出身更高，一般认为是名臣王拱辰的孙女，也有认为是王准（丞相王珪之父）的孙女。家世给了李清照超越当时一般女子的见识。她又继承父母的文学天赋，少有才名，被比作东晋女诗人谢道韫。十七岁嫁给太学生赵明诚。据说李清照写了《醉花阴·薄雾浓云愁永昼》词寄给在外任职的赵明诚，赵明诚花了三日三夜写了十五首《醉花阴》词，与李清照的词杂在一起请友人鉴赏。友人玩味再三说，只有"莫道不销魂"等三句绝佳。这三句正是李清照写的。从这故事中可见他们的唱和交流，也可见李清照的才华。赵氏家族在北宋后期卷入政治之争，李清照随丈夫隐居山东青州十三年。宣和年间赵明诚曾出任山东莱州、淄州知州，这期间，夫妻二人醉心金石书画搜集研究。李清照早年的诗词作品中，虽有党争阴霾和丈夫在外为官两人分离的轻愁，但主要写锦衣玉食的闺秀生活，焚香分茶、切磋学问的清华风雅。艺术上已经很出色，形成独特的纤秀清瘦风格，但内涵境界却似乎不够宽广厚重。

李清照中晚年遭遇靖康之乱、丈夫病故等大变故，这是她作为普通人的不幸，也是她作为诗人词家的"幸运"。正如清代诗人赵翼《题遗山诗》评论元代诗人元好问"国家不幸诗家幸，赋到沧桑句便工"，还有清末民初王国维《人间词话》评论清末词人况周颐的"天以百凶成就一词人"。李清照被迫离开熟悉优裕的生活环境，陷入孤寂无助的境地。绍兴二年（1132），她到达浙江后再嫁湖州籍进士张汝舟，但疑似遭遇欺骗，数月后即离异。她决绝冷静地与张汝舟对簿公堂，使其被编管，自己则因女子诉讼至亲之举险些被下狱（一说短暂下狱）。中年再嫁、陷丈夫于绝境的历史传闻，使李清照在很长的历史时期中被世俗眼光和卫道士讥讽诟病。

李清照晚年在浙江的词风蜕变尤其值得关注。她是南渡诗人词客群体中的一员，陆游等南宋"中兴四大诗人"就是他们的文化后裔。大约在绍兴五年（1135）后，已过知天命之年的李清照定居临安，曾住清波门外，度过生命的最后二十年。从李清照晚年的词里可侧面窥见这是一处有菊花、梧桐、芭蕉的所在，她在此写了很多词篇，并进行变革，开创了词中新境。还收了很多浙江女弟子。陆游曾给绍兴女子苏门孙氏写过墓志铭，提到孙氏自幼聪慧，十几岁时曾被李清照看中，想将词学传给她，不料孙氏是个受礼教思想影响很深的女子，竟然以"才藻非女子事也"加以拒绝。幸好李清照后来收了韩玉父等浙江女弟子，衣钵有了传人。今西湖南线古清波门外建有"清照亭"纪念她。

图5-1　《李清照像》　〔清〕崔错　（广州美术馆藏）

　　李清照词中成熟之作《声声慢·寻寻觅觅》《永遇乐·落日熔金》等大多写于晚年,与闺秀官眷时代因"绿肥红瘦"(《如梦令·昨夜雨疏风骤》)就"才下眉头、却上心头"(《一剪梅·红藕香残玉簟秋》),自嘲"莫道不销魂,帘卷西风,人比黄花瘦"(《醉花阴·薄雾浓云愁永昼》)的"闲愁"不同,真的是"这次第，怎一个、愁字了得"（《声声慢·寻寻觅觅》）。比如她晚年有首《添字丑奴儿·窗前谁种芭蕉树》词，应该是在借住或暂住的房子里，说不知是谁在窗前种了叶叶心心缠缠绵绵的芭蕉，自己本已是满心愁绪、孤枕难安、长夜无眠，偏偏"伤心枕上三更雨"，滴滴答答地下不停，自己这个北方人真心听不惯，"愁损北人，不惯起来听"。借南方常见的雨落芭蕉声，平淡含蓄地书写了心底思念故乡、故国、故人的愁绪，浅处见深，写作技巧和营造的境界都臻于化境。再如著名的《声声慢·寻寻觅觅》，先连用十四个叠字"寻寻觅觅，冷冷清清，凄凄惨惨戚戚"渲染出江南连绵阴雨般无孔不入、难以消除、笼罩一切的凄惶，接着写自己无法入眠、借酒消愁的孤寂生涯，再用风雨、归鸿等典型秋日意象加强表现环境的冷寂，还有至亲离去、难以归乡的寂灭心境。又以菊花凋零、雨打梧桐加深衰败孤寂之感，最后在各方面情感铺垫到一定深度后才说"愁"，说自己的晚境难逃这个"愁"字。《永遇乐·落日熔金》写晚年在临安过元宵节，将眼前节日与北宋北方繁华对比，追忆当年盛年芳华。说佳节虽热闹，自己却已是"如今憔悴，风鬟雾鬓，怕见夜间出去。不如向、帘儿底下，听人笑语"，富于时代感、历史感。家国之变是李清照命中劫难，也是她词学上涅槃变革的推动力。作为后人，我们自然希望她没有经历苦难永远是"倚门回首，却把青梅嗅"（《点绛唇·蹴罢秋千》）的无忧少女，与丈夫"赌酒泼茶"的幸福少妇，但也必须看到，李清照在风雨后风骨未改，还借助天时因缘，淬炼了自己的词，保留了女性诗词的灵性，消去了女性诗词的小巧柔弱清浅，终于得偿所愿，在词学方面开新境、成大格局，与大家苏轼、辛弃疾平起平坐，甚至更胜一筹。

且以李清照一生写的咏物词尤其是咏花果词来看她的词风变化。宋代词人尤其是南宋词人爱写咏物词，学习屈原《离骚》借奇花异卉写自己，寄托高远情志。李清照十七岁时作的咏梅词《渔家傲·雪里已知春信至》云："造化可能偏有意……此花不与群花比。"说上天应该偏爱梅花，梅花之美其他花儿不可比。这应该是少年才女李清照的自比。"寒梅点缀琼枝腻"是此时未识人间疾苦的她，"明月玲珑地"指她的优越出身，是高起点也是她的词更上一层楼的障碍。李清照早年的诗词像雪里梅花，是阆苑仙葩，脱俗离尘。其《满庭芳·小阁藏春》词写自己似残梅疏影，"良宵淡月，疏影尚风流"。《醉花阴·薄雾浓云愁永昼》词又写自己如菊花般清瘦，所谓"人比黄花瘦"。这些意象虽然美到极致，却孤高自许、单薄隔膜，不容易引人共鸣。而在晚年南渡至异乡，李清照更爱将自己比作江南到处都是的桂花和银杏，词的风骨灵魂、厚度深度都远超当年。《摊破浣溪沙·病起萧萧两鬓华》词的末句是"终日向人多酝藉，木犀花"，木犀花就是桂花。此时的词人，虽然白发苍苍，又独自抱病在床，因为要喝药连最爱的分茶也懒得弄，但逆境中仍保持内心坚守的信念，所谓"枕上诗书闲处好，门前风景雨来佳"。除读书赏景外，更有香韵含蓄淡雅的桂花陪伴，如心意相通的良友。其《摊破浣溪沙·揉破黄金万点轻》词又云："揉破黄金万点轻。剪成碧玉叶层层。风度精神如彦辅，太鲜明。梅蕊重重何俗甚，丁香千结苦粗生。"写的也是桂花。说桂花虽然细小不起眼，但风度精神就像晋代名士王衍和乐广一样高逸超群，衬得梅花、丁香都太刻意、太俗气。似乎在说自己早年喜欢梅花和早年的词风都太刻意。《鹧鸪天·桂花》词云："暗淡轻黄体性柔。情疏迹远只香留。何须浅碧轻红色，自是花中第一流。梅定妒，菊应羞。画阑开处冠中秋。骚人可煞无情思，何事当年不见收。"也说颜色淡雅、个体纤细的桂花，低调安静但香气清远，不需要鲜艳色彩，是花中第一流，梅花、菊花都比不过它。桂花开放冠绝秋日，可惜当年诗人屈原在《离骚》里写了那么多嘉卉却没提到桂花。《瑞鹧鸪·双银杏》词云："风韵雍容未甚都……谁怜流落江湖上，玉骨冰肌未肯枯。"以与桂花一样不艳丽夺目的洁白银杏果比喻自己。说银杏果风韵大方朴素，从高高的公孙树上被摘下流入江湖无人怜惜，不过洁白的肌肤、坚韧的外壳依然如故，还保存着温润柔软的内核。

晚年在江南的女词人，字字珠玑的词里都是苦难磨砺蜕变涅槃出的花与果。

始知伶俐不如痴

　　李清照与临安朱淑真、处州（今浙江丽水）张玉娘、湖州吴淑姬，合称宋代四大女词人。朱淑真生卒年不详，约生活于两宋之间，一般认为稍晚于李清照，一说是海宁人，但一般认为是仁和人，家住西湖附近涌金门内的宝康巷（一说今中山中路保康巷）。据其诗词，朱家有东西两个园林，内有西楼、依绿亭、水阁、桂堂等。朱淑真能写诗词，还善作画、工音律，家族虽然不如李清照的显赫，但应该也是有文化的家族。只因与丈夫志趣不合，婚后生活很不如意，最后抑郁而终，其墓在杭州青芝坞。

　　朱淑真《愁怀》诗云"鸥鹭鸳鸯作一池，须知羽翼不相宜"，说自己与丈夫的差异像志向高远的鸥鸟、鹭鸟与池中鸳鸯一般不同、不相配，所谓"天壤王郎"之恨。这个说法来自东晋女诗人谢道韫。苏轼《题王逸少帖》诗赞美谢道韫说："谢家夫人淡丰容，萧然自有林下风。"但她嫁给了王羲之资质一般的儿子王凝之，所以有"天壤王郎"之憾。古代女子生存空间狭小，难有别情可寄，所以婚姻不顺意会格外痛苦，朱淑真只能寄托于诗词。其《清平乐·夏日游湖》词云"娇痴不怕人猜"，表现与所爱之人同游的喜悦,感情真实热烈。朱淑真也因此遭遇非议。有一段"人约黄昏后"公案与李清照"再婚失节"公案一样,带给她污名。著名的《生查子·元夕》词云:"去年元夜时,花市灯如昼。月上柳梢头,人约黄昏后。今年元夜时,月与灯依旧。不见去年人,泪湿春衫袖。"非常动人,但其实为欧阳修所写,因口吻类似女子混入朱淑真词集,乃被认作出轨的证据。还有人附会她是朱熹侄女,其实为朱熹政敌所为,以她的"不守妇道"毁谤身为道学家的朱熹。

朱淑真有两首名为《自责》的七言绝句,实则是她的内心独白,并非自我责问,而是向世俗世界的追问。第一首云"女子弄文诚可罪,那堪咏月更吟风?磨穿铁砚非吾事,绣折金针却有功",说身为女性不喜欢女红却喜欢舞文弄墨在世俗看来就是罪名,更何况像我喜欢写吟咏风月的爱情诗词。她借辛辣自嘲批评世间荒谬,说世人都说我不该写诗,该去努力绣花。第二首进一步嘲讽云"添得情怀转萧索,始知伶俐不如痴",说我如今心境成灰,才知道聪明多情不如呆笨迟钝。其实,聪明有才便不幸并不是女性独有的命运陷阱,连苏轼也曾自嘲"我被聪明误一生"(《洗儿》)。这是对时代的责问。

朱淑真诗词留世不少,但也混入一些其他诗人的作品。这也与朱淑真中年郁郁而终有关。一说她为非正常死亡,不理解的父母将她的不幸归因于诗词,所以将它们焚毁。南宋人魏端礼将残稿整理为《断肠集》。"断肠"指激烈极致的感情,得朱淑真诗词真谛。后人在进一步整理其作品时将一些风格接近的诗词收入。

新注朱淑眞斷腸詩集卷之一

春景

錢塘　鄭元佐　注

立春前一日

梅花枝上雪初融　僧齊已詩前村深

雪裏昨夜一枝開　一夜高風激轉

芳草池塘冰未薄　南史謝靈運思詩夢郭惠

東

連遂得池塘柳絛如幾著春工　工著意柳絛新

生春草之句

立春古律

停杯不飲待春來　唐李白問月詩我和氣先春動六

今停杯一間之

街生榮乍挑宜捲餅　杜立春詩春盤細生菜

又古詩旋挑生菜和煙煮　羅

图5-2　丁氏八千卷楼刊郑元佐注《新注朱淑真断肠诗集》清光绪年间（1875—1908）

　　朱淑真很多作品的题材和写法都与李清照早年诗词相似，多写花、酒、茶、病等意象，悲春伤秋、闲愁孤独等心境。另外也较多写节气节日、闺中嬉游的。《西江月·春半》词云："办取舞裙歌扇，赏春只怕春寒。卷帘无语对南山，已觉绿肥红浅。去去惜花心懒，踏青闲步江干。恰如飞鸟倦知还，淡荡梨花深院。"写春分（春半）节气春色。"绿肥红浅"的巧思与李清照的"绿肥红瘦""浅碧轻红"意趣相似。《减字木兰花·春怨》词云"独行独坐，独唱独酌还独卧"，连用五个"独"字，与李清照《声声慢·寻寻觅觅》十四个叠字连用有相似之处。不过，李清照的作品尤其是晚年作品虽然多写愁绪，却能跳出个人局限。朱淑真则因阅历等局限，格调还在闺阁情感之内。据说她每到春日，常常垂下床帏静坐于内，说不忍见这春光，大概是因为明媚春色容易触动感伤的心境，也怕好物不坚、好景不长。难怪她要自号"幽栖（隐居）居士"。《鹊桥仙·七夕》词云："巧云妆晚，西风罢暑，小雨翻空月坠。牵牛织女几经秋，尚多少、离肠恨泪。微凉入袂，幽欢生座，天上人间满意。何如暮暮与朝朝，更改却、年年岁岁。"说七夕乞巧节，似乎天上人间都满意了，细想却还是个悲剧。《江城子·赏春》词最后也说"争奈醒来，愁恨又依然。展转衾裯空懊恼，天易见，见伊难"，《蝶恋花·送春》结句是"把酒送春春不语。黄昏却下潇潇雨"。她没能像谢道韫、李清照一样获得更多的心灵解脱。即便如此，后世论宋代女词人，还是李、朱并提。清末词学家陈廷焯《白雨斋词话》卷五云："朱淑真词风致之佳，情词之妙，真可亚于易安（李清照）。宋妇人能词者不少，易安为冠，次则朱淑真。"清末女诗人薛绍徽也说宋代词女，李（清照）、朱（淑真）为名家。

　　张玉娘和吴淑姬的诗词都受李清照的影响，成就则笼罩在李、朱盛名之下。张玉娘是南宋末年处州松阳人。与李清照一样出身官宦家族，自幼聪慧，诗词兼长，当时人把她比作汉代才女班昭。以班昭而不以谢道韫作比，或可见她的诗词风格追求高古雅正，而不全是李清照的名士格调，更不是朱淑真的热烈缠绵。张玉娘《如梦令·戏和李易安》词云："门外车驰马骤。绣阁犹醺春酒。顿觉翠衾寒，人在枕边如旧。知否。知否。何事黄花俱瘦。"明显模仿李清照的《如梦令》，还糅合了李清照的名句"应是绿肥红瘦"和"人比黄花瘦"。但她也有自己的创作特色。其代表作《山之高三章》（其一）云："山之高，月出小。月之小，何皎皎。我有所思在远道，一日不见兮，我心悄悄。"她生活的时代已经不是李朱时代，颇多礼教束缚，所以表达较为含蓄委婉。

　　与朱淑真一样，张玉娘的人生悲剧也源自不能自由选择的婚姻。她十五岁时与青梅竹马的沈佺订立婚约，两人情投意合。后因沈家家道中落、沈佺不热衷功名，张父悔婚。张玉娘竭力抗争，张父说需沈佺有功名才能成婚。可惜沈佺虽高中榜眼，却不久病卒。爱情无望，张玉娘心如死灰，不愿再嫁。《山之高三章》（其三）云："汝心金石坚，我操冰雪洁。拟结百岁盟，忽成一朝别。朝云暮雨心去来，千里相思共明月。"可见心志坚决。景炎二年（1277）上元夜，她梦见沈驾车相迎，醒后怅然若失，绝食而死，年仅二十七岁。张玉娘留有《兰雪集》两卷，收诗词百余首。词虽然只有十六首，但艺术成就不低。有人推为《漱玉集》后女词人中的第一词集。"兰雪"之名应该取自兰草、白雪清雅之意。

　　吴淑姬的身世更为可怜。她出身低微,淳熙十二年(1185)前后在世(根据同时代官员仕途履历推算)。据说吴淑姬也不是她的本名。容貌美丽的她聪明且能诗词,却被富家子霸占,还有人告她不守妇道。一说当时的湖州知州王十朋,不知底细判她有罪。幸好州僚吏知道她的冤情,让她写词辩冤。她脱下刑具,即席写成两首词,众人都不禁感慨赏识她的敏捷才思,于是告于知州,使她脱罪。据说她著有《阳春白雪词》五卷,但通常可见的只有南宋词人黄升辑《唐宋诸贤绝妙词选》收录的三首词。其《小重山·谢了荼蘼春事休》词云"心儿小,难着许多愁"、《长相思令·烟霏霏》词云"雪向梅花枝上堆,春从何处回",凄婉至极。黄升评其词"佳处不减李易安"。

《鲁国夫人词》和《杨太后宫词》

除较晚出现的宋代四大女词人之说外，较早还有宋代三大女词人之说。清末词学家陈廷焯《白雨斋词话》卷五云："宋妇人能诗词者不少，易安为冠，次则朱淑真，次则魏夫人也。"书中提到了魏夫人魏玩。南宋朱熹《朱子语类》卷一四○《论文下》也云："本朝妇人能文，只有李易安与魏夫人。"

魏玩，字玉如，一作玉汝，邓城（今湖北襄阳）人，与李清照一样出身名门。弟弟魏泰和王安石、黄庭坚等关系密切，善诗文。丈夫是支持王安石变法的北宋宰相曾布，唐宋八大家之一的曾巩的弟弟。魏玩曾被封为瀛国夫人、鲁国夫人。她的诗词与李清照一样较大气，因其阅历见识不同于一般闺阁女子。其《卷珠帘·记得来时春未暮》词云"多情因甚相辜负，轻拆轻离，欲向谁分诉。泪湿海棠花枝处，东君空把奴分付"，后人附会曾布与她貌合神离，这可能和曾布曾为新党多受诋毁有关。其实魏玩写了多首思夫佳作，如《菩萨蛮·溪山掩映斜阳里》"溪山掩映斜阳里，楼台影动鸳鸯起……三见柳绵飞，离人犹未归"、《好事近·雨后晓寒轻》"不堪西望去程赊，离肠万回结。不似海棠阴下，按《凉州》时节"、《点绛唇·波上清风》"画船明月人归后，渐消残酒。独自凭阑久。聚散匆匆，此恨年年有。重回首，淡烟疏柳，隐隐芜城漏"，都含蓄深情，可破夫妻不和之说。魏玩丈夫的兄弟曾巩曾在江西洪州任职，她的丈夫曾布恰好在调任途中路过洪州，另一个弟弟曾肇也来探亲，三兄弟三进士齐聚，魏夫人书写"金马并游三学士，朱幡相对两诸侯"联语，传为佳话。后人编有《鲁国夫人词》，可惜只留存了十多首。

南宋第四位皇帝宁宗的第二位皇后恭圣皇后杨桂枝也有诗才。其《杨太后宫词》五十首，以七言绝句记录宫廷生活，艺术成就较高。杨桂枝的经历颇具传奇色彩。她的起点其实和吴淑姬差不多，小时候曾是女伶的养女，甚至不知姓氏。后为宁宗所幸，才认在宫里当小官的杨次山为兄，以杨为姓，以杨次山籍贯上虞（今绍兴上虞，一说严州淳安）为籍贯。杨桂枝以女伶身份入宫。因她通经史，还写得一手"小王（王献之）体"书法，再加上聪明伶俐，得到吴太后宠爱。庆元元年（1195），三十三岁的杨桂枝成为早一年（1194）登基的宁宗的妃子。虽然她诞下的两位皇子都夭折，但适逢皇后韩氏病逝，因为精干、懂权谋被立为皇后。后来她又立宗室子赵昀为帝，执掌朝政多年，是左右南宋后期政局的实权人物。

先不说杨桂枝如何除去权臣韩侂胄，信任另一位权相史弥远的是是非非，由《杨太后宫词》之一"思贤梦寝过商宗，右武崇儒汉道隆。总览权纲术治理，群臣臧否疏屏风"，即可见她的确有一定的政治头脑和执政才能。"瑞日曈昽散晓红，乾元万国佩丁东。紫宸北使班才退，百辟同趋德寿宫"，写官员去太上皇高宗住的德寿宫（后来也成为太上皇的孝宗也在此住过）觐见，记录了当时的政治格局。《杨太后宫词》云"宫中阁里催缲茧，要趁亲蚕作五丝""岁岁蚕忙麦熟时，密令中使视郊圻。归来奏罢天颜悦，喜阜五民鼓玉徽"，记写后妃在宫中的"亲蚕礼"和皇帝在农忙时让使者到郊区询问农事之事。

《杨太后宫词》还记录了宫里的琴棋书画等雅事。"传闻紫殿深深处，别有薰风入舜弦"，用《礼记·乐记》"昔者舜作五弦之琴，以歌《南风》"的典故指说宫中琴音为皇帝所奏，含有歌颂政事清明之意。"新翻歌谱甚能奇，宣索蕊官入管吹。按拍未谐争共笑，含羞无语自凝思"，写宫中歌女吹奏新曲。"薰风宫殿日长时，静运天机一局棋。国手人人饶处看，须知圣算出新奇"，写皇帝善围棋。"家传笔法学光尧，圣草真行说两朝。天纵自然成一体，谩夸虎步与龙跳"，说南宋皇帝的家传书法都源自善于书法的高宗（尊号：光尧皇帝），他的草书、真书（楷书）、行书都很精妙。

《杨太后宫词》也写了许多节庆娱乐场景。"宫槐映日翠阴浓，薄暑应难到九重。节近赐衣争试巧，彩丝新样起盘龙""一朵榴花插鬓鸦，君王长得笑时夸。内家衫子新番出，浅色新裁艾虎纱""角黍冰盘饤饤装，酒阑昌歇泛瑶觞"三首写端午节风俗。前两首写宫中端午节赐衣习俗，其中第二首写女子头插石榴花、穿着新颖的绣着艾虎图案的浅色纱衣裙。"击鞠由来岂作嬉，不忘鞍马是神机。牵缰绝尾施新巧，背打星球一点飞"，写蹴鞠运动。"忽地君王喜气浓，秋千高挂百花业。阿谁能逞翻飞态，便得称雄女队中"，写宫中女子荡秋千比赛。

杨桂枝不但诗词写得好，而且擅长书画，画艺精湛，今尚

图5-3　《百花图卷》　〔宋〕杨婕妤　（吉林省博物馆藏）

存《百花图卷》《樱花黄鹂图》《月下把杯图》等作品。《杨
太后宫词》中有一首写宫廷画家朱锐画的雪景图的诗《题朱锐
雪景册》，诗云："雪吹醉面不如寒，信脚千山与万山。天甃
琼阶三十里，更飞柳絮与君看。"颇具见识。朱锐曾先后在北
宋和南宋画院任职，擅长画雪景、行旅。宋代推崇道教，杨桂
枝曾手书《道德经》，清代书法家姜绍《韵石斋笔谈》卷下赞云：
"波撇秀颖，妍媚之态，映带缥缃。"

　　当代书画家启功认为，杨桂枝就是生活于宁宗庆元至嘉定
年间的女书画家杨妹子（又称杨娃，启功认为是"杨姓"两字
之误）。有人根据《杨太后宫词》中的"阿姊携侬近紫微，蕊

宫承宠对芳菲。绣帏独自裁新锦，怕看花开蝴蝶飞"证明杨妹子是杨皇后之妹，证据似不足。

莫问奴归处

　　词是要配乐演唱的，音乐性与文学性都不可忽视。李清照在南渡前写过著名的《词论》，是内行之见。她说柳永词音乐性强，但文字不够雅。晏殊、欧阳修、苏轼学问大，但写的词却不合音律。她指出"词别是一家"，自有特色。李清照接着说，晏几道还有贺铸、秦观、黄庭坚都能既注意音律又注意文字，可惜也各有缺点。如秦观词有情韵但不用典故，好像贫家女，虽美丽却少大家气质。李清照自己的词既注意音乐美，又注意文字之美，有风韵又善用典故。

　　因词有音乐性，所以需要艺人演唱才能完整地表现艺术韵味。南宋末俞文豹写的笔记《吹剑续录》记录了一段词坛趣事，说苏轼有一次问一位善于讲笑话的幕僚，自己的词与柳永词相比如何。幕僚说："柳郎中词，只合十七八女孩儿执红牙板，唱'杨柳岸，晓风残月'。学士词，须关西大汉，执铁绰板，唱'大江东去'。"苏轼听了哈哈大笑。虽然苏轼也有不同风格的词，但这段话的确简要地概括了北宋两种不同词风的特色。其实当时大部分的词都是柔美抒情的，都是适合歌伎配乐演唱的。

　　宋词发达，又需要歌伎演唱，所以留下了很多词人与歌伎的故事。虽然这些萌生于歌舞宴席间的感情受时代局限，大都比较短暂轻薄，属于文人一时留情，甚至是贪恋美色、不平等不尊重的狎玩，但也滋生过不少真挚深刻的情感，有才华相互吸引的情投意合知己之情。有的人还感动于歌伎的才貌身世而为其"落籍（从乐籍上除名）""救风尘"。北宋的琴操、南宋的严蕊都是在词史中留下不朽痕迹的奇女子。

现代作家郁达夫写过一首《琴操墓》诗："山既玲珑水亦清，东坡曾此访云英。如何八卷《临安志》，不记琴操一段情。"云英指代歌女，这里指琴操。20 世纪 30 年代，郁达夫到杭州临安玲珑山琴操墓前吊唁琴操，见此地只剩一丘黄土和明人题的一方墓碑，大为感慨，说八卷《临安县志》，居然没有一个字记录琴操的婉转情愫，她的生平才思只能以零星模糊的片断留在历史中。琴操是北宋杭州歌伎（官伎），真名已不可知。琴操之名可能源自东汉文学家、才女蔡文姬父亲蔡邕的琴曲著作《琴操》，也有可能源自宋代诗歌体裁"琴操"。琴操生平也不详，很多人演义她的身世故事，但可靠的不多。琴操曾即兴修改秦观名作《满庭芳·山抹微云》并演唱，体现了高超的词学和音乐修养。一天有人唱秦观的这首词，却把"画角声断谯门"错唱成"画角声断斜阳"，熟识音韵的琴操指出了错误，座中有人问她能否将错就错改韵来唱这首词。琴操就即席把"门字韵"都改成"阳字韵"，重新演绎了这首词。如把"离樽"改成"离觞"、"纷纷"改成"茫茫"、"啼痕"改成"余香"，把词中最精华的"斜阳外，寒鸦数点，流水绕孤村"巧妙地改成"孤村里，寒烟万点，流水绕红墙"，"销魂。当此际，香囊暗解，

图5-4　杭州市临安区玲珑山琴操墓

罗带轻分"改成"魂伤。当此际，轻分罗带，暗解香囊"，依然是一首好词。可见她在词创作上的天分和技巧。琴操自己也多有创作，其《卜算子》词云："欲整别离情，怯对尊中酒。野梵幽幽石上飘，搴落楼头柳。不系黄金绶，粉黛愁成垢。春风三月有时阑，遮不尽、梨花丑。"《菩萨蛮》词云："疏英乍蕾余寒浅。蹋枝小鹊娇犹颤。谩炷水沉香。帘波不是湘。清愁支酒力。畏听江城笛。恁忍说华年。垂垂欲暮天。"《好事近》词云："箫鼓却微寒，犹是芳菲时节。分付塞鸿归后，胜一钩寒月。双垂锦幄谢残枝，余香恋衣结。又被鸟声呼醒，似征鞍催发。"这三首轻灵婉转的小令都写了春愁与离别。"搴落楼头柳""恁忍说华年""余香恋衣结"等细节，透露了她身为歌伎凄惶和迷惘的情感。

北宋末方勺《泊宅编》等记载了"琴操参宗"的故事。说苏轼带随从游西湖，琴操也在，苏轼突发奇想说："我来当长老，你试着参悟禅理。"于是苏轼问湖中景怎样，琴操引用唐代诗人王勃诗句回答是"秋水共长天一色，落霞与孤鹜齐飞"。苏轼又问景中人怎样，琴操引用李群玉《同郑相并歌姬小饮戏赠》诗"裙拖六幅湘江水，鬓耸巫山一段云"来回答。因李诗有怜惜座中歌女之意，所以她的回答是很贴切的。苏轼再进一步问景中人有何意，琴操回答"随他杨学士，鳖杀鲍参军"。鲍参军是南朝大诗人鲍照，她自矜自己的诗才不差。不料苏轼继续追问："你将来究竟如何？"琴操沉默，苏轼替她回答，用的是白居易《琵琶行》里的"门前冷落车马稀，老大嫁作商人妇"。苏轼是信口作答，但也道出真相。琴操听到自己将来的命运，顿时大彻大悟。在苏轼帮她落籍后，琴操真的遁入佛门，来到远离城市的玲珑山别院修行，后在此去世落葬。

严蕊自小学习乐礼诗书，却因命运捉弄成为台州营伎（官伎）。南宋淳熙九年（1182），时任台州知州的唐仲友为严蕊等官伎落籍，她得以归家与母亲团聚。

唐仲友是金华人，与陈亮一同为永康学派代表人物。永康学派主张义利并举的"事功之学"，与朱熹等理学家有论争。淳熙八年（1181），包括台州在内的浙东地区大旱，朝廷因朱熹在江西治荒政有功，又因左相王淮荐举，任命他为提举浙东常平茶盐公事，以巡按身份主持浙东荒政。次年性情耿直的朱熹到台州巡行时，觉得唐仲友治理荒政不力，连上六份奏章弹劾唐仲友。其中两份提及唐仲友与严蕊的交往有违风化。朱熹下令抓捕严蕊。在关押她的两个月内，多次施以杖刑，让她招供与唐仲友有私情。严蕊几乎丧命，但性情刚烈的她咬碎银牙也不招，说宁死也不能诬陷士大夫。这件事在当时闹得沸沸扬扬，震动朝野。唐仲友也上奏章自我辩解。与唐仲友有姻亲关系的宰相王淮也居间调停。最后，孝宗出来说这都是"秀才争闲气"，才平息了事态。此后，唐仲友退出仕途，开坛讲学。朱熹也被调离岗位。来善后的是朱熹友人，同样在少年时经历过秦桧冤狱的岳飞之子岳霖，他释放了严蕊，问她对未来归宿的设想。身心俱疲、伤痕累累的严蕊以《卜算子·不是爱风尘》词回答："不是爱风尘，似被前缘误。花落花开自有时，总赖东君主。去也终须去，住也如何住！若得山花插满头，莫问奴归处。"说自己是被"前缘"即命运所耽误，就像自然界的"花落花开自有时"，都靠春神"东君"主宰。自比四季轮回里的一朵山野小花，"去也终须去，住也如何住"，百般命运不由人。她在词的最后大胆倾吐心绪说，"若得山花插满头，莫问奴归处"。称只要放我自由，不要问我归去何处。她虽然是无辜被连累，但被拷打时没有胡乱认罪，更没有牵累别人，此时也没有怨恨滔滔，气度非同一般。岳霖听了严蕊的话，判令她从良。据说她后来被赵宋宗室纳为妾室。

严蕊词作大多散佚，仅存《卜算子》《如梦令》《鹊桥仙》三首。《如梦令》写桃花："曾记，曾记，人在武陵微醉。"《鹊桥仙》写七夕："人间刚道隔年期，指天上、方才隔夜。"此词与《卜算子》一样有洒脱自在、不愁不怨的词风。

两情若在久长时

宋代士大夫虽然追求理性豁达，但很多人在生活中也是多情、专情之人。宋初诗人、性格较古板的梅尧臣，是宋代给妻子写诗最多的人。他与两任妻子的感情都很感人，对妻子的平等尊重之爱难能可贵。

梅尧臣年轻时娶世家之女、名臣谢绛的妹妹谢氏。两人恩爱甚笃，他常在诗里将自己和妻子比作史上的夫妻典范、东汉"举案齐眉"的梁鸿、孟光。其《初冬夜坐忆桐城山行》诗云"吾妻常有言，艰勤壮时业"，说自己在艰难时刻听了妻子的话才振作发奋。谢氏很有见识，还帮书生气的丈夫考察朋友。梅尧臣告诉欧阳修，他与当时士人谈话时谢氏常在屏风后旁听，事后讨论这些人的德行才能。她听到丈夫和贤德的人交往就很开心，不然就叹息。有一次，漂泊在外的梅尧臣看到江上有双飞鸟，想起妻子，写了《往东流江口寄内》诗："巢芦有翠鸟，雄雌自相求。擘波投远空，丹喙横轻鲦。呼鸣仍不已，共啄向苍洲。而我无羽翼，安得与子游？"叹息自己没有翅膀不能与妻子共游。无奈天妒佳侣，庆历四年（1044）七夕，谢氏因病去世，年仅三十六岁。悲痛之余，梅尧臣屡次拿着自己写给亡妻的诗

图5-5 《沧浪亭五百名贤像》之梅尧臣像 〔清〕孔继尧绘 〔清〕石韫玉正书赞 〔清〕谭松坡镌

恳请欧阳修为作墓志铭，这才有了记录他们感人之情的《南阳县君谢氏墓志铭》这篇名作。他感动了欧阳修的诗包括哀婉至极的《悼亡三首》，其三云："从来有修短，岂敢问苍天？见尽人间妇，无如美且贤。譬令愚者寿，何不假其年？忍此连城宝，沉埋向九泉。"说人的生命有长短，但我的妻子是世间最美丽贤德的人，为什么不给她更长的寿命？我怎么忍心看这样的至宝被埋在九泉之下？

梅尧臣与谢氏十几年夫妻情谊深重，一旦永别，难以忘情。但因缺乏母亲爱护，他丧妻后幼子早夭，其他几个孩子也无人照顾，所以几年后再娶刁氏。刁氏也出身名门，是诗人刁衍的孙女。两人虽然年纪相差较大，但幸运的是刁氏也是个明慧大度的女子。梅尧臣《新婚》诗云"惯呼犹口误，似往颇心积。幸皆柔淑姿，禀赋诚所获"，说自己因为思念前妻还叫错名字，刁氏却不在意。两人都以诚相待，终于心意相通。

欧阳修《归田录》卷下记录他与梅尧臣修《新唐书》事。梅尧臣因做事格外认真，所以十分辛苦。他回家对刁氏自嘲说："吾之修书，可谓猢狲入布袋矣！"说自己修史就像猴子钻入袋子，刁氏笑答："君子仕宦，亦何异鲇鱼上竹竿耶？"说修史还是你擅长的，你做官更不行，就像鲇鱼爬竹竿。梅尧臣去世十五年后，苏轼还以这个故事写诗纪念他："诗翁憔悴老一官……归来羞涩对妻子，自比鲇鱼缘竹竿。"（《梅圣俞诗集中有毛长官者，今于潜令国华也。圣俞没十五年而君犹为令。捕蝗至其邑，作诗戏之》）

苏轼自己与几位爱侣的故事也很感人。苏轼没有与高门大族联姻，他的结发妻子王弗是眉州老乡，普通乡贡进士（非进士，给乡试府试合格但进士考试落第者的安慰性头衔）的女儿，但通诗书。婚后陪苏轼读书，苏轼忘了的地方她都能在旁提醒。问其他，都谦逊地说略微知晓。她也能识人，和梅家谢夫人一样有幕后听言的故事。可惜两人相伴也不过十一年。王弗去世后苏轼写了《亡妻王氏墓志铭》。十年后的熙宁八年（1075）春，在密州的苏轼梦见王弗，于是有了那首著名的悼亡词《江城子·乙卯正月二十日夜记梦》："十年生死两茫茫，不思量，自难忘。"平淡含蓄却深挚入骨，正如姜夔《鹧鸪天·元夕有所梦》词说的"人间别久不成悲"。

　　苏轼在王弗去世后续娶她的堂妹王闰之。苏轼与王弗育有苏迈，王闰之后来又生育了苏迨、苏过，待"三子如一"。她和苏轼共同生活了二十五年，经历过苏轼中年的大起大落，包括乌台诗案下狱、困居黄州等暗淡时光。苏轼的很多诗篇里都有她的身影。《明日重九，亦以病不赴述古会，再用前韵》诗云"可怜吹帽狂司马，空对亲舂老孟光"，前一句写自己，后一句以贤妻孟光比喻妻子。《次韵和王巩六首》（其五）云"子还可责同元亮，妻却差贤胜敬通"，前一句借陶渊明写给儿子的《责子诗》，说自己鼓励和督促孩子，后一句借东汉冯衍（字敬通）有悍妻的典故赞美自己的妻子很贤德。元祐八年（1093）王闰之去世，苏轼有《祭亡妻同安郡君文》云"唯有同穴，尚蹈此言"，日后他也与王闰之同葬。王闰之虽不懂诗，但与苏轼相伴日久，胸臆间也有诗情。苏轼友人赵令畤《侯鲭录》卷四记载王闰之去世那年春天一事。彼时，苏轼在颍州，州堂前梅花盛开，月色明朗，王闰之说："春月色胜如秋月色。秋月令人凄惨，春月令人和悦。"苏轼很赞赏，认为这就是"诗家语"，还写了《减字木兰花》词"春庭月午，摇荡香醪光欲舞……不似秋光，只与离人照断肠"，化用夫人诗意。

　　苏轼的侍妾朝云是最后在他身边的伴侣。王朝云是钱塘（今浙江杭州）人。一说她出身歌伎，应该是野史。她早年为侍女，苏轼被贬黄州之后才成为侍妾，后来又在苏轼再次被贬惠州时跟从苏轼，见证了苏轼后半生的几乎所有坎坷。明人毛晋辑《东坡笔记》记载，一天苏轼退朝后吃完饭，边摸肚子边慢慢走，回头问身边侍女："你们知道我肚子里都是些啥？"一个侍女说都是文章，另一个说都是见识，苏轼都不以为然。到了朝云那儿，她说："学士一肚皮不合入时宜。"苏轼捧腹大笑，赞赏说："知我者，唯有朝云也。"朝云可谓苏轼知己，知道他不爱趋同俗世所好。朝云死后，苏轼也像为王弗、王闰之作墓志铭一样为她写了墓志，赞她"敏而好义，事先生忠敬若一"。"敏"是聪敏，所以能说出"不合时宜"这样的精确评语；"好义"是有正义感，所以能在苏轼生命最后的艰难时刻陪在他身边，对他忠诚敬爱一如往昔，这不仅仅是小情小爱，更是出于对苏轼人品才华的理解和尊敬。

　　一说秦观的《南歌子·霭霭迷春态》是赠朝云的，苏轼还为她代和一首《南歌子·云鬓裁新绿》。此说不可确定，因为这首词一说是五代南唐李后主所作，并非苏轼所作。可以确定的是苏轼为朝云所作诗词都出现较晚，绍圣元年（1094）苏轼远谪广东惠州，前一年王闰之去世，他遣散了其他姬妾，只有

图5-6　广东省惠州市惠城区王朝云墓

朝云愿意陪他去当时人畏如蛇蝎的岭南烟瘴之地。苏轼到惠州后不久写了《朝云诗》，诗序说："予家有数妾，四五年间相继辞去，独朝云者随予南迁。"诗云"不似杨枝别乐天，恰如通德伴伶元"，也说朝云没有像白居易的小妾樊素（擅唱杨枝曲）一样在自己晚年离去，而像晋人刘伶元的小妾樊通德与之白头到老。

　　绍圣三年（1096）夏，连年奔波劳苦，加上不习惯惠州气候，朝云感染时疫病逝。苏轼很悲痛，写了多首悼亡诗词，以《西江月·梅花》最著名："玉骨那愁瘴雾，冰姿自有仙风……高情已逐晓云空。"词中以梅花比拟朝云，说冰肌玉骨的梅花生长在多瘴之地却不怕侵袭，高雅姿态自有脱俗风骨。可惜她对我的深厚情谊（高情）已消散于时空（晓云也寓意朝云）。朝云曾跟从尼姑义冲学佛，去世前她念诵《金刚经》中的《六如偈》"一切有为法，如梦幻泡影，如露亦如电，应作如是观"而终。她如梦幻、如泡影、如露电的一生，多有劳苦，但应该也有追随理想与爱情的踏实与安心吧。她去世后，苏轼按她的遗言将她葬在惠州另一个西湖旁的栖禅寺。

　　朝云去世后，苏轼还写了《惠州荐朝云疏》，提及朝云"一生辛勤，万里随从"。朝云逝后第五年，苏轼在孤身经历了儋州之贬后终于在花甲之年得以回归江南。经过镇江金山寺，看到画家李公麟为自己画的像，发出"问汝平生功业，黄州惠州儋州"（《自题金山画像》）的自嘲，说自己一生被贬到黄州、惠州、儋州。除了儋州，朝云都陪在苏轼身边。两个月后，苏轼去世。而他们唯一的孩子苏遁（干儿）此时已去世十七年有余。苏遁元丰六年（1083）生于黄州，苏轼著名的《洗儿》就是为他而作："人皆养子望聪明，我被聪明误一生。唯愿孩儿愚且鲁，无灾无难到公卿。"洗儿是古时风俗。婴儿出生三天或满月时，亲朋到贺，给婴儿洗身。苏轼此时磨难方休，惊魂未定，所以给孩子取名"遁（遁）"，即隐逸的意思，还希望孩子大智若愚，一生无忧。可惜这一点微薄的希望也没实现，他和朝云的孩子虽然长得很好，却没活过一岁，十个月大时夭折。苏轼有《去岁九月二十七日，在黄州，生子名遁，小名干儿，颀然颖异。至今年七月二十八日，病亡于金陵。作二诗哭之》说"归来怀抱空，老泪如泻水"。

　　还有一个传说，说苏轼晚年有一首惜春的词《蝶恋花·春景》："花褪残红青杏小，燕子飞时，绿水人家绕。枝上柳绵吹又少，天涯何处无芳草？墙里秋千墙外道，墙外行人，墙里佳人笑。笑渐不闻声渐悄，多情却被无情恼。"词中的"枝上"两句极尽哀婉感伤又不乏豁达，说柳枝上的柳絮随风远去愈来愈少，但哪里没有青青芳草呢？朝云在失去儿子后就不愿唱这首词了。她说自己"不能歌"的，就是"枝上柳绵吹又少，天涯何处无芳草"这两句。

曾是惊鸿照影来

　　前文写宋代女子婚恋，如杨桂枝和宁宗，曾布与魏玩，李清照与赵明诚，梅尧臣与谢氏、刁氏，苏轼与三位王姓配偶等，算是良缘、善缘。也有孽缘、恶缘，如李清照与张汝舟的对簿公堂、朱淑真与丈夫的"天壤王郎"遗憾，另外还有张玉娘与沈佺的未了缘，陆游与唐琬的悲剧。

　　宋代联姻的门第观没有晋代、唐代森严，此时科举选人多，如汪洙《神童诗》说的可以"朝为田舍郎，暮登天子堂""玉殿传金榜，君恩赐状头（状元）"。科举改变了很多人的命运。伪托真宗作的《劝学诗》云："富家不用买良田，书中自有千钟粟。安居不用架高堂，书中自有黄金屋。出门莫恨无人随，书中车马多如簇。娶妻莫恨无良媒，书中自有颜如玉。男儿欲遂平生志，五经勤向窗前读。"说男子不要遗憾眼前没有良媒，只要努力读书考取功名，自然能拥有美丽高贵的妻子。宋代流行"榜下捉婿"风俗，一旦科举高中就会有高官豪门抢着嫁女儿。出身一般的黄庭坚中进士后，第一任妻子孙氏是龙图阁直学士孙觉之女，她去世五年后黄庭坚续娶官员谢景初（梅尧臣妻子谢氏的侄子）的女儿为妻。

　　至于陆游和唐琬，现在很多关于他们的婚恋细节都来自宋末文人周密《齐东野语》的记载，比如两人是表兄妹，唐琬不受陆母喜爱，两人感情太亲密妨碍了陆游科举，以及两人分开后唐琬别嫁，两人在绍兴沈园偶遇，留下两首《钗头凤》词，唐琬不久郁郁而终等。宋代笔记文学发达，类似纪实文学，但一般只有当代人记录的会相对可信，很多笔记记录的是很多年前的民间传说或野史，大都人云亦云、张冠李戴、附会嫁接、层累造史，不可尽信。在当代流传甚广、脍炙人口的陆游《钗头凤·红酥手》词、唐琬《钗头凤·世情薄》和词，虽然艺术性不低，哀婉动人，但词学家夏承焘和吴熊和早已考证《钗头凤·红酥手》词的确是陆游作品，是他蜀中赠歌伎之作（参见吴熊和《陆游〈钗头凤〉本事质疑》）。虽然词里营造的情感氛围很感人，但由一些较俗气的典故如"红酥手"，看似深情实则不走心的感情表达如"错错错""莫莫莫"等看，的确不够庄重，不像是写给妻子的作品，而比较像是敷衍应付写给宴席间偶遇的歌伎的。而所谓唐琬的和词，也有可能是后世人感慨于陆唐婚恋悲剧的不幸而伪托拟作的。由于有感情投入，所以不乏真情实感。如"病魂常似秋千索"一句，将恍惚心思与女子常玩的飘荡不定的秋千相联系，很贴切，也很生动。因为不能确定这两首词与陆唐婚恋有关，所以沈园相遇，陆游与唐琬及其后夫相遇饮酒有可能是后人想象出来的戏剧冲突场景。

　　陆游与唐琬是表兄妹的说法没有出处。陆游迫于家庭和家族压力无奈舍弃感情真有其事，但未必是"孔雀东南飞"式的

图5-7　浙江省绍兴市越城区沈园陆游、唐琬词墙

悲剧。陆游母亲成为恶婆婆，迎合了民间喜欢看婆媳不和的趣味。说子嗣问题也应该是民间臆测。从陆游的出身和生平看，他年轻时沉湎感情、不思科举倒有可能是其中一个原因。也许是多重原因叠加的结果，或只是阴差阳错。幸好宋代女子重嫁较寻常，唐琬算是不幸中的万幸。唐琬嫁给赵宋宗室赵士程为继室应该也属实，不过从生育了一子一女看，她并没有很快就郁郁而终。

　　陆游与唐琬的感情，其实即使没有沈园偶遇的戏剧性、两首《钗头凤》的凄艳，也是深沉动人的。陆游一生写诗近万首，是中国古代已知写诗最多的著名诗人。其诗集里有很多关于沈园和菊枕的诗，这与他昔日与爱侣共游沈园、赠有信物菊枕有关。

由于内疚痛悔，陆游甚至到八十五岁去世时仍不能放下，仍有相关创作。这些作品虽然不如《钗头凤》词有名，但感情深挚，感染力毫不逊色。

淳熙十四年（1187），陆游写过两首菊枕诗，即《余年二十时尝作菊枕诗，颇传于人。今秋偶复采菊缝枕囊，凄然有感二首》。诗云："采得黄花作枕囊，曲屏深幌闷幽香。唤回四十三年梦，灯暗无人说断肠。""少日曾题菊枕诗，蠹编残稿锁蛛丝。人间万事消磨尽，只有清香似旧时。"菊枕是用晒干的菊花填充内芯的枕头，有明目宁神的功效。陆游说他绍兴十四年（1144）写过菊枕诗，如今四十三年过去了，又有了采集菊花缝菊枕的兴致。想起当年新婚妻子给自己缝菊枕的往事，凄然有感。第一首诗说菊枕幽香缕缕，唤醒自己从未忘却的四十三年前的记忆，只是如今再无人可诉说这"断肠"往事、热烈爱意。第二首诗说如今人非物也非，只有菊花香气如旧日。此时的陆游已官居闲职。到六十五岁时，更因北伐光复等言论被罢职，回到家乡绍兴闲居。他多次去城南沈园等地重游，重温旧梦。

绍熙三年（1192），陆游重游沈园，写下《禹迹寺南有沈氏小园，四十年前尝题小阁壁间，偶复一到，而园已易主。刻小阁于石，读之怅然》诗云："枫叶初丹槲叶黄，河阳愁鬓怯新霜。林亭感旧空回首，泉路凭谁说断肠。坏壁醉题尘漠漠，断云幽梦事茫茫。年来妄念消除尽，回向禅龛一炷香。"说自己少年时在此读书的禹迹寺南有沈园，约四十年前自己在园内墙壁间题写了一首小词，今天重游，发现园林已三易其主，怅然若失。"河阳"一句用西晋潘岳《悼亡诗》典故，含蓄道出了对昔日爱侣的无限怀念。庆元五年（1199），陆游再次游沈园，并作《沈园二首》云："城上斜阳画角哀，沈园非复旧池台。伤心桥下春波绿，曾是惊鸿照影来。""梦断香消四十年，沈园柳老不吹绵。此身行作稽山土，犹吊遗踪一泫然。"第一首说来到沈园正是夕阳西下时，城墙上的画角声声哀鸣，此时的沈园早已不是自己和爱侣当年游赏时的池阁亭台模样。两人一起临波照影的那座桥下春水依然泛着绿波，她美好的身影却早已不再。第二首说自己虽不再是少年，甚至即将成为一抔黄土，但心底的热烈情感却一点没变，凭吊种种遗迹依然泫然泪下。八十一岁那年冬夜，也许是记忆触动了什么，许久不去沈园的陆游梦见沈园，又作《十二月十二日夜梦游沈氏园亭二首》，诗云："路近城南已怕行，沈家园里更伤情。香穿客袖梅花在，绿蘸寺桥春水生。""城南小陌又逢春，只见梅花不见人。玉骨久成泉下土，墨痕犹锁壁间尘。"第一首说自己这些年不敢靠近城南，不是因为遗忘，而是思念日盛，近沈园情怯。梦里忍不住又前往沈园，依然是香气沾染衣袖的梅花、桥下春水浓绿的熟悉场景。第二首说城南小路又迎来春天，只看到梅花没见到爱人身影，突然醒悟她早已成为泉下黄土，但恍惚间墙上的题诗似乎还墨痕如新，一时间都不知是梦是真。也许是感觉生命无多，陆游更频繁地想起昔日爱侣。次年，他又作《城南》诗云："城南亭榭锁闲坊，孤鹤归飞只自伤。尘渍苔侵数行墨，尔来为谁指颓墙？"依然是记忆与现实参半的如梦如幻回忆。"城南亭榭"指沈园，"孤鹤（鸿）"指失去爱侣的自己。破败的墙壁上当年题诗的墨迹早已被尘土苔藓掩盖，如果你也回来，有谁为你指路寻找这墙壁呢？诗句平淡，刻骨深情却令人心惊。嘉定元年（1208），衰翁陆游打起精神来到沈园，写下他生命里最后一首沈园诗《春游》："沈家园里花如锦，半是当年识放翁。也信美人终作土，不堪幽梦太匆匆。"说这些花儿都识得我陆放翁，可惜我当年身边的那位美人早已化为黄土。我当然清醒地知道这个，只是我不忍心美梦匆匆结束。

清末诗人陈衍辑《宋诗精华录》卷三选了好几首陆游的沈园诗，还评论其中名句如"伤心桥下春波绿，曾是惊鸿照影来""此身行作稽山土，犹吊遗踪一泫然"是"古今断肠之作"，并指出："无此绝等伤心之事，亦无此绝等伤心之诗。就百年论，谁愿有此事？就千秋论，不可无此诗。"说爱情悲剧于陆游个人是大不幸，但于宋代诗歌却是大幸。

亘古男儿陆游，写爱情诗的真诚坚定，一如他的爱国诗。

第六篇

工夫在诗外

似曾相识雪泥鸿爪

《红楼梦》中有一个有趣的细节，粗通文墨的香菱学写诗，请教林黛玉。黛玉问她喜欢什么样的诗，香菱说喜爱陆游写书斋生活的"重帘不卷留香久，古砚微凹聚墨多"（《书室明暖终日婆娑其间倦则扶杖至小园戏作长句二首》）之类的，因为亲切、浅近、有趣。黛玉就说初学诗不能学这样的，要先学唐人王维那种比较有意境、有余味的诗。黛玉的说法当然有道理，但也体现了其对宋诗的偏见。宋诗出现在唐诗之后，如果完全像唐诗就没有存在的意义了，所以才另辟蹊径。宋诗贴近日常生活，还喜欢讲道理，黛玉觉得俗，但其实这就是它的特点。王维写的"大漠孤烟直，长河落日圆"（《使至塞上》）不是每个人都能见到的，但陆游写的"重帘""古砚"是寻常可见的。唐诗讲缥缈悠远、含蓄不尽的意境，如王维的"行到水穷处，坐看云起时"（《终南别业》），要有悟性才能领会。宋诗很实在，因果关系很清晰。"重帘不卷（所以）留香久，古砚微凹（所以）聚墨多"。再如王安石《北山》诗所说："细数落花因（而）坐久，缓寻芳草得（以）归迟。"唐人王维的诗好，宋人王安石、陆游的也是好诗，全民都能懂，并且感觉亲切，这更是宋诗或陆游诗的好处。钱锺书《谈艺录》中谈及"诗分唐宋"相关内容时云："唐诗多以丰神情韵擅长，宋诗多以筋骨思理见胜。"唐诗、宋诗各有其长，宋人善思考，宋诗多理趣，读者可以不喜欢，但不能简单否定。孔平仲《孔氏谈苑·真宗取士必视器识》提到，宋真宗以文词取士，通过文词来观察士人的器量见识。每次殿试，有时选其中形神即气质最磊落者为状元，有时也会选择文词有理趣即思辨能力较强的那个。

宋诗的讲道理（理趣）并不都是干巴巴的，很多都是充满趣味、韵味，如"重帘""古砚"的道理就讲得很自然、很有趣。宋诗里理趣满满且诗意满满的名句有很多，如王安石《登飞来峰》诗云"不畏浮云遮望眼，自缘身在最高层"，苏轼《题西林壁》诗云"不识庐山真面目，只缘身在此山中"，又《饮湖上初晴后雨》诗云"欲把西湖比西子，淡妆浓抹总相宜"，朱熹《观书有感》诗云"问渠那得清如许，为有源头活水来"，叶绍翁《游园不值》诗云"春色满园关不住，一枝红杏出墙来"，陆游《游山西村》诗云"山重水复疑无路，柳暗花明又一村"，都是蕴含审美意趣的理趣。理学家程颢《秋日偶成》诗云"万物静观皆自得"，说万物都有自己存在的道理。

宋诗、宋词中还有更高层次的哲理。晏殊《浣溪沙·一曲新词酒一杯》词云："去年天气旧亭台。夕阳西下几时回？无可奈何花落去，似曾相识燕归来。"在一样的天气里，同一个亭台楼阁，而其实时光已无情流逝。花儿凋零是无可奈何的，但看见檐下的春社燕却似曾相识。在不完美的"花落去"中寻找完满的"燕归来"，体现了对时空、变与不变的思考。晏殊对时空的思辨臻于严密，且词的情韵一点也不少。宋初另一位诗人梅尧臣的《对花有感》云："新花朝竟妍，故花色憔悴。明日花更开，新花何以异？"有同样的意趣。

这种时空意识在苏轼的诗词里也常常可以看到。嘉祐六年（1061），苏轼与弟弟苏辙分别后，路经弟弟做过主簿的河南渑池。他曾与弟弟在此寄宿僧房，还在寺壁上题诗。想起弟弟写给自己的"共道长途怕雪泥"（《怀渑池寄子瞻兄》），写了一首怀旧诗《和子由渑池怀旧》："人生到处知何似，应似飞鸿踏雪泥。泥上偶然留指爪，鸿飞那复计东西？"说人一生到处奔走，路过很多地方，像是随处飞的鸿雁，一般都飞过无痕。偶然踏雪留痕，但转眼又高飞离开，不会记得留下的痕迹。苏轼这次故地重游也是偶然，所以他接着诉说："老僧已死成新塔，坏壁无由见旧题。往日崎岖还记否，路上人困蹇驴嘶。"说弟弟你知道吗？昔日接待我们的老僧已去世，葬在新造的佛塔里。我们一起题诗的墙壁也破败了，写在上面的诗也不见了。苏轼又继续回忆，说弟弟你是否还记得那年父亲送我们两兄弟进京赶考的艰难。从四川到开封，千里迢迢，人困马乏，最后马累死了，靠跛脚驴行走。苏轼说的是嘉祐二年（1057）那场著名的科举考试，人称"龙虎榜"，是千年科举史上最闪耀的一榜。考中的进士有北宋各方面的顶尖人才，出了九个宰执。主考官是欧阳修，阅卷老师有梅尧臣，考生中有苏轼、苏辙和曾巩这"唐宋八大家"中的三位，还有善写诗文的理学家程颢、张载等。苏轼在两首诗里说，人生既充满偶然，但回头去看又发现前后呼应，就像雪泥鸿爪、坏壁旧题、夕阳西下、花儿落去，

图6-1 《苏轼像》 传〔宋〕李公麟

看似无可奈何，却也能如老僧新塔、去年天气、燕子归来使人似曾相识、若有所悟。“往日崎岖”“人困驴嘶”就是今日我们兄弟高中进士的必然过程。此后，“坏壁旧题”“似曾相识”之类的意象在宋诗里屡屡出现。黄庭坚《书舞阳西寺旧题处》诗云：“万事纷纷日日新，当时题壁是前身。寺僧物色来相访，我似昔人非昔人。”说自己“觉今是而昨非”。陆游的怀旧诗“沈园非复旧池台”（《沈园二首》），“沈家园里花如锦，半是当年识放翁”（《春游》），还有“山重水复疑无路，柳暗花明又一村”（《游山西村》），都有这种内在的时空观。

苏轼的这种时空书写与宋代佛学、理学发达有关。苏轼生在佛学昌盛的四川，据说母亲程氏怀他时就梦到一位瞎眼瘦僧登门，所以都说苏轼是名僧转生。身边的人觉得聪敏的他有夙慧。他七八岁时也梦到自己是僧人，相信自己与佛有缘。苏轼的诗词频繁地提及前生后世的似曾相识感。苏轼曾两次来杭州为官。熙宁四年（1071）秋，苏轼为避开朝中党争来杭州做了三年通判。十八年后的元祐四年（1089），他再来杭州任知州。此时的苏轼已经历“乌台诗祸”的百日劫难、差点被杀的惊吓折辱、贬谪黄州失去自由的困顿挫折，以及重归京城的喧嚣，已是知天命之年。故地重游，越发容易处处触景生情。有一次，他与禅师参寥子去西湖寿星寺，一进山门就觉得眼前景物似曾相识，就说自己前世是寺中僧人。见参寥子将信将疑，又说从山门到忏堂共有九十二级台阶，一验证果然如此。这一次重来西湖，更觉“人生何处不相逢”（晏殊《金柅园》）。比如其《与莫同年雨中饮湖上》诗云“还来一醉西湖雨，不见跳珠十五年”，提到自己熙宁五年（1072）在望湖楼饮酒后写的"白雨跳珠乱入船"（《六月二十七日望湖楼醉书五首》）的景象。又《去杭十五年复游西湖用欧阳察判韵》诗云："我识南屏金鲫鱼，重来拊栏散斋余。还从旧社得心印，似省前生觅手书。"说这些鱼儿都是老相识。苏轼还演绎《僧圆泽传》，写晚唐僧人圆泽和文人李源三生三世的友情。说释圆泽去世十三年后，李源去杭州西湖天竺寺赴前生之约。只见一个骑牛牧童唱道："三生石上旧精魂，赏月吟风莫要论。惭愧情人远相访，此身虽异性长存。"李源问释圆泽还好吗？牧童回答说："身前身后事茫茫，欲话因缘恐断肠。吴越山川寻已遍，却回烟棹上瞿塘。"今天杭州天竺法镜寺后莲花峰东麓有一块三生石印证这个故事。

苏轼一生饱经磨难，所以在《见六祖真相》诗里说："我本修行人，三世积精炼。中间一念失，受此百年谴。"他把挫折苦难都当作对心性的历练。他因仕宦生涯和被贬经历奔波天下，却抱着修炼的心境在几个外放或贬谪之地，如杭州、黄州、儋州，创作了大量诗词，留下浓郁深刻的文学记忆，正如他《定风波·南海归赠王定国侍人寓娘》词说的"此心安处是吾乡"。如果能获得心灵安宁、闲适就不觉得苦，异乡就是家乡。西湖湖山曾安抚了他的苦闷灵魂，杭州曾是他的心灵家园。其《六月二十七日望湖楼醉书五首》（其五）云"我本无家更安往，故乡无此好湖山"，《送襄阳从事李友谅归钱塘》诗云"居杭积五岁，自意本杭人"。他被贬谪黄州时的《南堂五首》（其一）云"客来梦觉知何处，挂起西窗浪接天"，说自己饮酒后醒来浑然不知道身在何地。又《正月二十日与潘郭二生出郊寻春，忽记去年是日同至女王城，作诗乃和前韵》诗云："东风未肯入东门，走马还寻去岁村。人似秋鸿来有信，事如春梦了无痕。"说与二友去寻去年这一天踏春看到的春色，却一无收获。人如秋天的鸿雁，有主观意愿，然而不确定的因素太多，就如春梦一般，时过境迁，了无痕迹。

虽然人不能胜天，孔子也只能叹息"逝者如斯夫"，魏晋名士也只能感慨"树犹如此，人何以堪"（庾信《枯树赋》），但苏轼毕竟是写出"归去，也无风雨也无晴"（《定风波·莫听穿林打叶声》）、"人生如梦，一尊还酹江月"（《念奴娇·赤壁怀古》）的豁达者，遇到逆境、困境、绝境不会轻易哀叹颓丧，就像他在黄州写的《浣溪沙·游蕲水清泉寺》词说的："谁道人生无再少？门前流水尚能西！休将白发唱黄鸡。"中国地形西高东低，大江大河都向东奔流。但清泉寺旁的兰溪因地形特殊向西流，造成时光能倒流的错觉。苏轼有感而发，说既然水能西流，人生为何不能再回到少年？人生也能"似曾相识燕归来"。

宋代诗人主流是真正的英雄主义者，都是法国作家罗曼·罗兰说的那些认识到生命真相后都依然热爱人生的人。

人事每如此

宋代很多诗词里有"人事""世事"等字眼，指明写的是人世间的事和道理，如"人事每如此"（黄庭坚《圣柬将寓于卫行乞食于齐有可怜之色再次韵感春五首赠之》），讲的是诗人从亲身经历、别人经历、记载史事里领悟和通晓的人世间普遍的规律道理，也体现了宋文化与现实的密切关系即世性。

人事（世事）、人情（世情）纷繁复杂，多有不足不完满者。有时缺憾只是微波小澜的细节。陈师道的《绝句》诗云："书当快意读易尽，客有可人期不来。世事相违每如此，好怀百岁几回开？"说难得有本合胃口的好书，刚读出兴致却读完了；有谈得来的朋友，期待他来拜访却总等不来。世间事总是这样与意愿相违，就像晋代名士羊祜曾叹息的"天下不如意，恒十居七八"（《晋书·羊祜传》）。南宋末诗人方岳《别子才司令》诗更是将这种人生不足扩写为："不如意事常八九，可与语人无二三。"人生在世，即使活到百岁，又有多少真正开心满意的日子呢？陈师道同一年还写过《寄黄充》诗："俗子推不去，可人费招呼。世事每如此，我生亦何娱。"说凡俗人等推之不去，合心意人召之不来。世事大都如此，人生的快乐不多。他写这两首诗，是表达对友人如黄庭坚等被贬远离的遗憾。黄庭坚少年时写的《牧童诗》讲述了朴素的人生道理。前两句描写情景："骑牛远远过前村，短笛横吹隔陇闻。"与北宋诗人雷震《村晚》诗"牧童归去横牛背，短笛无腔信口吹"所写相似，塑造了一种无忧无虑、无欲无求的理想人生状态，与《论语·为政篇》追求的"从心所欲不逾矩"相通。后两句议论总结："多少长安名利客，机关用尽不如君。"说京城（以长安指代）里朝堂上那些名利场里尔虞我诈、争名夺利的人，心机用尽也不如牧童悠然自在。北宋贺铸《茅塘马上》诗云："壮图忽忽负当年，回羡农儿过我贤。水落陂塘秋日薄，仰眠牛背看青天。"与黄庭坚的诗很相似，不同的是前两句议论后两句描述，说自己壮志未酬年华虚度，转而羡慕农家小儿更聪明，躺在牛背望天空的悠闲是自己及不上的。

　　身在朝廷的王安石曾作《老人行》，诗云："翻手作云覆手雨，当面输心背面笑。古来人事已如此，今日何须论久要（故交）。"说人世间的交往真的很难，世态炎凉，人情反复，令人心惊心寒，很多人都是当面表真心背后嘲笑你。千古以来历史上的人情都是这样的，今天又怎能避免？这首诗里前两句化用唐代诗人杜甫写交往的诗，"翻手作云覆手雨"是《贫交行》的句子，"当面输心背面笑"是《莫相疑行》的句子。与杜甫同时代的王维也有《酌酒与裴迪》，诗云："人情翻覆似波澜。白首相知犹按剑，朱门先达笑弹冠……世事浮云何足问。"乃言，即使老朋友，也要时刻提防。正因为如此，宋代诗人在饱经世事磋磨，尤其在残酷的党争后，都看淡纷繁世事，以简单的初心、本心去应万变，去面对复杂世界。释志文《西阁》诗云"年光似鸟翩翩过，世事如棋局局新"，说世情多变如棋局。苏轼《西江月·世事一场大梦》词云"世事一场大梦，人生几度秋凉"，王灼《水调歌头·长江飞鸟外》词云"今来古往如此，人事几秋风"，都说纵然世事多变，我自岿然不动。朱敦儒《西江月·世事短如春梦》词云："世事短如春梦，人情薄似秋云。不须计较苦劳心，万事原来有命。幸遇三杯酒好，况逢一朵花新。片时欢笑且相亲，明日阴晴未定。"说世事如短暂的春日美梦，人情凉薄如秋日晴空淡淡的云彩，不要过于计较自己的辛劳会有多少收获，万事都已注定也难预计，不如暂时沉醉于美酒鲜花获得慰藉快乐，管他未来命运凶吉。看起来似乎是看破世情的彻悟，但并不消极。张孝祥《西江月·问讯湖边春色》词云："世路如今已惯，此心到处悠然。寒光亭下水连天，飞起沙鸥一片。"也说要以不变的冰雪肝肠对待世情反复。经历了人间悲欢离合、世事成败得失，自己已达到超脱的境界。

王安石写的咏史诗大都立意奇崛、别出心裁，体现了不同凡俗的历史观。他写春秋吴国奸臣的《宰嚭》诗云"但愿君王诛宰嚭，不愁宫里有西施"，替西施洗脱了"红颜祸水"的罪名。写王昭君的《明妃曲二首》（其一）云"意态由来画不成，当时枉杀毛延寿"，说昭君之美在意态气度，所以画像画不出来。画师毛延寿并没有受贿，他是被冤枉的，是君王错失昭君迁怒画师。"君不见，咫尺长门闭阿娇，人生失意无南北"的见解更是超越时代，说自古都怜惜昭君出塞，其实同是汉代后宫，陈阿娇还不是失宠被关进长门冷宫。

写人事世情的诗词在表达上颇为多样。苏麟《断句》诗云："近水楼台先得月，向阳花木易为春。"说水边的楼台先照到月光，朝南向着太阳的花木早发芽，比喻因为某种优势能优先得到便利和利益。诗句朴实，但诗意不浅。这个故事出自北宋俞文豹的笔记《清夜录》。说范仲淹任杭州知州时唯才是举，手下的很多官员都得到他的荐举而升迁了，有一个小吏苏麟因为在外县任"巡检"，经常不在杭州，范仲淹对他印象不深所以没推荐他。苏麟就给范仲淹献诗一首，诗的全貌已不存，只留下这两句。身为诗人的范仲淹闻诗而知雅意，推荐了苏麟，皆大欢喜。宋代另一位诗人李九龄《山舍南溪小桃花》诗云："一树繁英夺眼红，开时先合占东风。可怜地僻无人赏，抛掷深山乱木中。"写山野桃花美而无人赏识，表达类似意思。范仲淹也善写隐喻诗，据传他的《书扇示门人》诗云："一派青山景色幽，前人田地后人收。后人收得休欢喜，还有收人在后头。"寓意得之勿喜、失之勿悲，不以物喜、不以己悲的朴素道理。也有说此诗名《投坑伎诗》，是辽亡国后遗民所作，是辽代留存下来的几首民歌之一。投坑伎是辽代两人合作的杂技。原诗云："百尺竿头望九州，前人田土后人收。后人收得休欢喜，还有收人在后头。"此诗并非简单的祝颂，其中蕴涵着"螳螂捕蝉，黄雀在后""强中更有强中手"的哲理，也预示辽政权的更迭。苏轼《于潜僧绿筠轩》诗云："可使食无肉，不可使居无竹。无肉令人瘦，无竹令人俗。人瘦尚可肥，俗士不可医。"先用东晋名士王徽之爱竹成痴"何可一日无此君"的典故，说宁可没肉吃也不能居处没竹子。因为没肉吃只不过人会瘦，但没竹子会让人变庸俗。人瘦还可变肥，人俗就没救了。苏轼也是喜欢亲近世俗的人，困守黄州时还写过《猪肉颂》，但毕竟本质还是士大夫，骨子里还是喜欢竹子和清淡美味的笋，喜欢"好竹连山觉笋香"（《初到黄州》）的氛围。辛弃疾《满江红·山居即事》词云"细读离骚还痛饮，饱看修竹何妨肉"，说欣赏翠竹之美也不推辞各种肉食美味，有苏轼神韵。中国民间流传甚广的"人生四喜四悲说"源自宋代诗词。人生四喜一般指"久旱逢甘雨，他乡遇故知，洞房花烛夜，金榜题名时"，出自北宋汪洙的《神童诗》。南宋洪迈《容斋随笔》之《容斋四笔·得意失意诗》不但引用了四喜，还加上人生四悲"寡妇携子悲，将军被敌擒，失宠宫女泪，落第举子心"。这些说法也许不够雅致，却也体现了世事人情。北宋词人周邦彦《玉楼春·桃溪不作从容住》词云"人如风后入江云，情似雨余黏地絮"，说人好似随风飘入江天一色、消融无迹的云朵，分别的悲伤情绪则像雨后沾满地面的柳絮。人留不住但情不能已，该词相比他模仿的晏几道《玉楼春》词"尽教春思乱如云，莫管世情轻似絮"，情致更为沉郁，描述也更贴切。南宋诗人洪咨夔的《王火井见过先以诗寄用韵二首》（其一）云"淡交似水有余味，薄俗如云无定姿"，说淡漠不深的交情像水，坏的风俗像轻薄的云彩没有规矩，与陆游的诗"世味年来薄似纱"所说的世态人情淡薄如纱之意相似。

宋代的世事人情诗中有许多名句广为流传，如前文提及的"世事如棋局局新""世事短如春梦，人情薄似秋云""人似秋鸿来有信，事如春梦了无痕"等。而关于世情人事，还是理学家诗人说得更深刻。邵雍四字诗《所学吟》云"人之所学，

图6-2　《历代帝王圣贤名臣大儒遗像》（*Portraits de Chinois celebres*）18世纪
法文版中的邵雍像　〔清〕勃碣常岫　（法国国家图书馆藏）

本学人事。人事不修，无学何异"，认为不懂人间常识，再饱
读诗书也没用。邵雍还写了阐述世间道理的诗《秋怀三十六首》，
（其一）云"天道有消长，人事无固必"，说天地自然规律有
盛衰变化，人间事也不是固定必然，而是随机变化的。他的《四
道吟》诗又云："天道有消长，地道有险夷。人道有兴废，物

道有盛衰。兴废不同世，盛衰不同时。奈何人当之，许多喜与悲。"也说自然人间都在变迁，要淡定看待历史和现实，像范仲淹说的"不以物喜，不以己悲"。他还有多首叙述议论人世、人生、人情、人心的诗篇。《人物吟·人盛必有衰》云"人盛必有衰，物生须有死"，讲世上人与物的盛衰生死轮换更替。《人生一世吟》云"前有亿万年，后有亿万世。中间一百年，做得几何事？又况人之寿，几人能百岁？如何不喜欢，强自生憔悴"，论人生短暂值得珍惜。《人事吟·人有去就》云："人有去就，事无低昂。迹有疏密，人无较量。能此四者，自然久长。"谈不计较的灵活处世态度。《人情吟·古事参今事》云"古事参今事，今人乃古人。只应情未浃，情浃自相亲"，写学习古人的处世方法并用到现实人际交往中。《人心》云"弟兄尚路人，它人安可从？人心方寸间，山海几千重。轻言托朋友，对面九嶷峰。多花必早落，桃李不如松。管鲍死已久，何人继其踪"，写人心莫测需谨慎相处。另一位理学家程颢有《游月陂》诗云"世事无端何足计"，也说世事繁杂多变何必计较太多。

万物静观皆自得

宋代的理趣诗多以自然万物为意象。钱锺书《谈艺录》六九"随园论诗中理语"解释宋诗的理趣是"理寓物中，物包理内，物秉理成，理因物显"，说理趣就是将抽象道理寄托在具体物象景物中，而物象景物要与道理有相似性和内在逻辑联系，能高度概括包容道理。他还指出："理之在诗，如水中盐、蜜中花，体匿性存，无痕有味，现相无相，立说无说，所谓冥合圆显者也。"说讲道理要融在诗里的物象景象中，像水中化开的盐、花蜜中遗留的花粉，具体形状不见了但性质仍存在，没有痕迹但气味、滋味、韵味还在，道理与诗融合无界。用诗来说理但又不能失诗味，要在描写事物景物中含蓄传达哲理趣味。

宋人常以游历诗、咏物诗、咏史诗表达理趣。北宋名相李沆写杭州高塔的《题六和塔》诗云："经从塔下几春秋，每恨无因到上头。今日始知高处险，不如归卧旧林丘。"借登高塔寄托自己的高处不胜寒、归隐之心。王安石写绍兴高塔的《登飞来峰》诗云："飞来山上千寻塔，闻说鸡鸣见日升。不畏浮云遮望眼，自缘身在最高层。"也是先写登山再抒情议论，后两句反用唐人李白《登金陵凤凰台》"总为浮云能蔽日，长安不见使人愁"的诗意，表达了与李沆完全不同的身在高处毫不畏惧的心态，与唐人王之涣"欲穷千里目，更上一层楼"的意气风发有相通之处。宋人特别喜欢在登高历险中表达豁达无畏之情。晏殊《蝶恋花·槛菊愁烟兰泣露》词云："昨夜西风凋碧树，独上高楼，望尽天涯路。"苏轼《慈湖夹阻风五首》（其五）的后两句云"且并水村欹侧过，人间何处不巉岩"，说自己坐的船歪斜晃荡驶过风浪，万幸无碍，但人世间又哪里没有峭壁

图6-3　《高士观水图》　〔宋〕佚名　（美国圣路易斯艺术博物馆藏）

悬崖呢? 字里行间就是"不畏"两字。前文提及的苏轼名句"人生到处知何似，应似飞鸿踏雪泥"，与其《临江仙·送钱穆父》词最后两句意思也相似："人生如逆旅，我亦是行人。"说人生就是客舍，自己是匆匆过客，留下雪泥鸿爪。不过即使人生如旅行，也不枉此生。苏轼《题西林壁》诗又云："横看成岭侧成峰，远近高低各不同。不识庐山真面目，只缘身在此山中。"说人们看不清事情、事物的真貌，往往是因为身在其中或离得太近。"不识""只缘"两句，学习了王安石的"不畏""自缘"句式。杨万里也写过许多行旅诗，其《过松源晨炊漆公店六首》（其五）云："莫言下岭便无难，赚得行人错喜欢。正入万山圈子里，一山放过一山拦。"说不要听信别人说的下山不难的话，在群山中有数不尽的山重叠包围。他的《过上湖岭望招贤江南北山》诗又云："岭下看山似伏涛，见人上岭旋争豪。一登一陟一回顾，我脚高时他更高。"说人在岭下看，山像起伏的浪涛，看见别人登岭也想试试，但结果发现，自己的脚虽然已站得很高了，前方的山岭却更高。他还有一首水路行旅诗《桂源铺》，此诗仿佛是对前两首诗的解答："万山不许一溪奔，拦得溪声日夜喧。到得前头山脚尽，堂堂溪水出前村。"说群山万岭中有一溪流被山阻隔，溪水只能在山间日夜喧嚣不停。但溪水终究还是流到前头山脚尽处，奔腾而出。这诗意与辛弃疾《菩萨蛮·书江西造口壁》词的"青山遮不住，毕竟东流去"、叶绍翁《游园不值》诗"春色满园关不住，一枝红杏出墙来"很相似，借山水自然规则，讲个人努力总会有结果的道理。杨万里《下横山滩头望金华山四首》（其二）云："山思江情不负伊，雨姿晴态总成奇。闭门觅句非诗法，只是征行自有诗。"说山水晴雨都有奇趣，闭门不出、苦吟造句不是写诗的正途，在旅途中自然会有诗意。陆游《题庐陵萧彦毓秀才诗卷后二首》（其二）云："法不孤生自古同，痴人乃欲镂虚空。君诗妙处吾能识，正在山程水驿中。"说诗歌的妙处我能理解，那是自己山水行旅间的感悟。

宋代理学家也写了不少以自然景观为表现对象的理趣诗。程颢《春日偶成》诗云："云淡风轻近午天，傍花随柳过前川。时人不识余心乐，将谓偷闲学少年。"写了走出书斋的春游乐趣，有《论语·先进》"暮春者……浴乎沂，风乎舞雩，咏而归"春游之乐的意味，说可以在"心乐"中领悟自然之理。朱熹也有写景悟理的游春之作《春日》诗："胜日寻芳泗水滨，无边光景一时新。等闲识得东风面，万紫千红总是春。""泗水"在山东，南宋时山东是金国属地，朱熹不可能前往，所以这首诗的"寻芳"是个比喻，以儒家发源地山东春日风景来巧妙暗喻源自儒家而有新变的理学思想，以游春之行比喻悟道之旅。"寻芳""无边光景""一时新"，表达了朱熹的悟道开新乐趣。后两句说如果悟得了春风即理学的真谛，则"万紫千红总是春"，世间千事百态都可领略了悟。朱熹借事物景物写读书做学问的诗最有名的是《观书有感二首》："半亩方塘一鉴开，天光云影共徘徊。问渠那得清如许？为有源头活水来。""昨夜江边春水生，艨艟巨舰一毛轻。向来枉费推移力，此日中流自在行。"这两首诗也是前两句写景后两句说理，不过前两句写的也是喻体而非真的实体。第一首诗先写用来比喻题中"观书"体验的

文公先生像

图6-4　《朱熹像》　〔明〕郭诩（私人藏）

如镜"半亩方塘"之水、池塘中倒映的"天光云影",分别比喻读书人本心、读书所获在内心的反映。说家乡福建南溪书院里半亩大小的方形池塘像面明镜,云彩的影子倒映水中摇曳晃动,要问池中为什么会有这么多清澈的水,是因为有源源不断的山溪活水输入。第二首诗也先写拿来比喻"观书"体验的江中春水和大船,分别比喻观书增长知识和观书主体。说昨晚江中春水暴涨,水涨船高,大船借水力在激流中航行就像水上漂的羽毛一样轻快。以往费尽力气也不能推动的大船,今天却在江流中央悠然自在地漂移。两首诗都认为多读书、知识积累(活水、春水)带来的融会贯通、豁然开朗对个人思想深化(清如许)、能力提升(自在行)大有裨益。朱熹《出山道中口占》诗云:"川原红绿一时新,暮雨朝晴更可人。书册埋头无了日,不如抛却去寻春。"说总是埋头苦读也没个尽头,不如抛开书本去寻春。他笔下的"寻春(寻芳)"都有探寻事物理趣的特定含义。其《淳熙甲辰仲春精舍闲居,戏作武夷棹歌十首,呈诸同游相与一笑十首》(其八)又云:"八曲风烟势欲开,鼓楼岩下水萦回。莫言此处无佳景,自是游人不上来。"说只要身临其境,就能得山水之妙,这是说探幽寻奇,也是讲读书学问之道。

宋代诗人受禅宗思想影响,有时认为体验顿悟比书斋里苦读积累更重要。罗大经《鹤林玉露》丙编卷六记载了一首无名尼悟道诗:"近日寻春不见春,芒鞋踏破陇头云。归来拈把梅花嗅,春在枝头已十分。"说踏破芒鞋(草鞋)不见春,归来却发现浓浓春意就在梅花枝头。"寻春"比喻悟道。有点辛弃疾《青玉案·元夕》词"众里寻他千百度。蓦然回首,那人却在,灯火阑珊处"和秦观《鹊桥仙·纤云弄巧》词"金风玉露一相逢，便胜却人间无数"的意味。夏元鼎《绝句》诗云："崆峒访道至湘湖，万卷诗书看转愚。踏破铁鞋无觅处，得来全不费工夫。"认为苦读积累和亲身体验顿悟一样重要。诗中的"访道"和朱熹的"寻芳"是一个意思。走遍天下，走破了铁鞋，找灵感诗意，就像看万卷诗书。而有了人生经历，则能豁然开朗。

渺观宇宙我心宽

求理趣、理性与宋人萌生的朴素科学意识也有关。前文写节气诗时已提及宋人以科学意识探讨天文和节气的关系。宋人诗词里有很多包含科学意识的篇章。

宋代科学家辈出，最著名的应该是全能科学家、科技巨匠杭州人沈括。沈括有首写石油的诗《延州》，诗云："二郎山下时雪纷纷，旋卓穹庐学塞人。化尽素衣冬未老，石烟多似洛阳尘。"这首诗是他被贬到西北边地延州（今陕西延安）时所作。诗中说来到二郎山下时"冬未老"，还是初冬，但气候苦寒已是"雪纷纷"。这里荒凉，没客舍可借宿，只能入乡随俗，像边塞人家一样搭帐篷（穹庐）度日。天寒没柴火，幸好此地有石油。沈括的科学著作《梦溪笔谈》卷二四《杂志一》记载，延州有石油，可用来取暖，不过"烟甚浓，所沾幄幕皆黑"。诗里也写到这个缺点，石油当燃料烤火很温暖，但雪是化了，衣服却沾染油烟变黑了。

苏颂与沈括、苏轼处于同一时代，被认为是中国古代伟大的博物学家，擅长天文学和药物学。他发明了天文仪器水运仪象台，画了一千四百六十四颗星的图，还编写了集大成药典《嘉

图6-5　《钱塘观潮图》　〔宋〕夏圭　（苏州博物馆藏）

祐补注神农本草》和《图经本草》。苏颂也是通才全才，写过很多诗，其中有他任杭州知州时的《观潮三首》《续观潮》等科学诗。《观潮三首》（其一）云"来无源委逢秋盛，信有盈亏应月生"，科学地解释了世界三大涌潮之一钱塘江潮的成因。其《石缝泉清轻而甘滑传闻有年矣，前此数欲疏引入》诗云"剪裁竹千竿，接联笕万尺"，写他在杭州用竹笕（引水的长竹管）

引导山泉。唐代杭州刺史李泌为了解决近江海水泉咸苦问题，在杭州城内开凿六井，以"开阴窦"的方法用竹管引西湖水入井。南宋后"竹笕"在城乡引水、农业灌溉上的使用得到普及，如陆游《闭户》诗说"竹笕寒泉晨灌蔬"。

苏轼并非科学家，但聪敏好奇的个性使得他写了不少有朴素科学意识的诗。苏轼在徐州为知州时也利用当地的丰富煤炭资源，倡导将木炭炼铁转为煤炭冶铁。其《石炭（并引）》诗小引记载，彭城（徐州古称）之前没石炭（煤炭），苏轼来徐州后派人寻找，在徐州西南白土镇北找到。诗里说："根苗一发浩无际，万人鼓舞千人看。投泥泼水愈光明，烁玉流金见精悍。南山栗林渐可息，北山顽矿何劳锻？为君铸作百炼刀，要斩长鲸为万段。"有了煤炭，铸造了百炼钢刀，也不用再砍伐栗树林，劣质矿石也不用炼了。苏轼在杭州为官时常夜间泛舟西湖，写有《夜泛西湖五绝》。第四首云："菰蒲无边水茫茫，荷花夜开风露香。渐见灯明出远寺，更待月黑看湖光。"写夏夜湖上泛舟，看见有明亮灯光慢慢从远处寺院里出来，是所谓"湖光"。等月亮被云遮住后，又可见"湖光"。南宋末周密有笔记《癸辛杂识》云："西湖四圣观前有一灯浮水上，其色青红，自施食亭南至西泠桥复回。风雨中光愈盛，月明则稍淡。雷电之时，则与电光争闪烁。"也写"湖光"。到清代还有人看见很像苏轼说的"湖光"。苏轼是以科学态度看待这一奇特现象的。《夜泛西湖五绝》（其五）就肯定了"湖光"是人为现象而非传说的鬼火或神灯："湖光非鬼亦非仙，风恬浪静光满川。须臾两两入寺去，就视不见空茫然。""入寺"和上一首的"出远寺"

呼应，说"湖光"是寺院的祈福"河灯"之类。

陈与义《襄邑道中》诗云："飞花两岸照船红，百里榆堤半日风。卧看满天云不动，不知云与我俱东。"诗人乘舟旅行，遇到顺风，百里水程只要半天，又遇春日，两岸红肥绿瘦、飞花如梦，他闲卧舟上看两岸风景向后移，却发现满天云彩一动不动，原来是天上流云和人都随船、水、风一起向东走，保持同步，才有云不动的错觉。这是对自然现象的观察。辛弃疾《木兰花慢》词云："可怜今夕月，向何处，去悠悠？是别有人间，那边才见，光影东头？是天外空汗漫，但长风浩浩送中秋？飞镜无根谁系？姮娥不嫁谁留？谓经海底问无由，恍惚使人愁。怕万里长鲸，纵横触破，玉殿琼楼。虾蟆故堪浴水，问云何玉兔解沉浮？若道都齐无恙，云何渐渐如钩？"这是模仿屈原《天问》的科学追问之作。中秋之夜词人饮酒赏月到月儿将落，不舍明月，就乘酒兴连连追问：今晚的月亮很可爱，它缓慢却不可阻挡地向西移，会到哪里呢？是否天那边还有另一个人间，在那里人们才刚刚看到月亮从东边升起？接着又问：是否那边是天外浩渺宇宙，空寂一片，只有浩荡长风送走中秋月？月亮像一面没根的飞来宝镜，却高挂不坠，是有无形长绳系住它吗？月里嫦娥单身一人，是什么留住了奔月的她？词的下阕更是奇思翻跹，说传说里月亮日复一日东升西落会经过海底，让人担心海里纵横万里的巨鲸会碰坏月宫的琼楼玉阁。还有，月从水底过，月里蟾蜍不用担心，可玉兔又不会游泳。如果月亮无恙，为什么它会从今天的十五满月变成初一的如钩模样？真是奇妙合理的环环相扣追问，比李白《把酒问月》诗的"青天有月来几时？我今停杯一问之"、苏轼《水调歌头》词的"明月几时有？把酒问青天"更加丰富深入。所以近代学者王国维在《人间词话》中这样评价这首词："词人想象，直悟月轮绕地之理，与科学家密合，可谓神悟！"

辛弃疾、陆游、范成大等都在农村闲居多年，诗词里写农业科学知识的细节很多，也很生动。辛弃疾《西江月·夜行黄沙道中》词云："稻花香里说丰年，听取蛙声一片。"提及益虫"蛙"与"丰年"的联系。《鹧鸪天·陌上柔桑破嫩芽》词云："陌上柔桑破嫩芽，东邻蚕种已生些。平冈细草鸣黄犊……春在溪头荠菜花。"桑树刚发嫩芽，邻居养的蚕种已孵出小蚕，山冈上小黄牛在吃才长出来的小草，溪边的荠菜花寓意春来了，各种细节体现按时令养蚕、农耕、采摘的朴素农业知识。范成大隐居家乡苏州石湖写的《四时田园杂兴》（六十首）中提到许多农业技术。《春日田园杂兴》（十二首）（其一）"舍后荒畦犹绿秀，邻家鞭笋过墙来"有"春色满园关不住"的诗意，也反映了"隔墙诱竹"这一农业科学现象。"桑下春蔬绿满畦，菘心青嫩芥苔肥"体现了白菜（菘）、芥菜等蔬菜在南宋的广泛种植。范成大还是博物学家和地理学家。《秋日田园杂兴》（十二首）（其三）云"橘蠹如蚕入化机，枝间垂茧似蓑衣。忽然蜕作多花蝶，翅粉才干便学飞"，细致、全面地记录了蝴蝶从幼虫、化蛹到羽化的变态发育过程。写昆虫等动物，宋人诗词都能做到既有诗意又不失科学细节，如苏轼题画诗《惠崇春江晚景二首》（其一）云："竹外桃花三两枝，春江水暖鸭先知。蒌蒿满地芦芽短，正是河豚欲上时。"说生活在水中的鸭子最早察觉到初春江水变暖，江边滩涂上已长满鲜嫩的蒌蒿，芦苇刚长出短短的可食用的嫩芽，江南人喜欢吃的河豚此时也已响应时令的召唤正要游回到江里来。"鸭先知"一句话用了唐人孟郊《春雨后》"何物最先知？虚庭草争出"和杜牧《初春雨中舟次和州横江，裴使君见迎，李、赵二秀才同来，因书四韵，兼寄江南许浑先辈》"蒲根水暖雁初浴，梅径香寒蜂未知"的诗意，体现了对时令的科学认识。长江一带的人吃河豚要用蒌蒿、芦芽、菘菜（白菜）三物烹煮，苏轼诗中提到它们，也可见宋人对植物、饮食科学知识的了解。杨万里《初秋行圃》诗云"落日无情最有情，遍催万树暮蝉鸣。听来咫尺无寻处，寻到旁边却不声"，《过百家渡四绝句》（其三）云"疏篱不与花为护，只为蜘蛛作网竿"，生动地描绘、科学地记录了蝉与蜘蛛的习性。苏轼弟弟苏辙《种菜》诗云："久种春蔬早不生，园中汲水乱瓶罂。菘葵经火未出土，僮仆何朝饱食羹。强有人功趋节令，怅无甘雨困耘耕。家居闲暇厌长日，欲看年华上菜茎。"讲到人功与节令对农业的影响。

　　宋代诗人还将科学知识与政治认知融合。欧阳修《初出真州泛大江作》诗云："孤舟日日去无穷，行色苍茫杳霭中。山浦转帆迷向背，夜江看斗辨西东。"此时欧阳修正前往贬谪之地，他将未卜的宦途比作空茫缥缈云雾笼罩的大江，将自己比作江中不停行驶的一叶孤舟。他说因为江上暮色苍茫，船行到水边山脚后船夫将船帆调转，利用夜空中的北斗星来判断方向，以免迷路。这个比喻真是妥帖，以孤舟、北斗比拟臣子和朝廷关系是惯用典故，而加入航行的科学知识更加深了诗的意蕴。宋代还有"桔槔"与"抱瓮"的取舍争论。桔槔是利用杠杆原理汲水的农具,很早就用于农业灌溉,可节省力气和提高效率。"抱瓮"典出《庄子·外篇·天地》,说孔子的学生子贡在汉阴见到一位老农一次次抱着瓮(大缸)去浇菜,很吃力且效率很低,就建议他用桔槔汲水。老人却不愿意,认为用桔槔会使人产生机心失去本心。他不是不知道桔槔,而是不肯用。所以后来"桔槔"与"抱瓮"这对概念被拿来喻指改革激进与守旧守拙的对立。北宋旧党与新党两个阵营里的诗人都写过诗,争论是利用机械汲水的农具如桔槔之类有利民生,还是古朴的"抱瓮"取水心态更合乎民心,赞美"桔槔"即表示赞成新党,选择"抱瓮"即支持旧党。同情旧党的梅尧臣《水轮咏》诗云:"孤轮运寒水,无乃农自营。随流转自速,居高还复倾。利才畎浍间,功欲霖雨并,不学假混沌,忘机抱瓮罂。"从"孤轮""运寒水""随流转""居高还复倾"可见,他写的水轮是进化版"桔槔",即唐代已有的灌溉工具筒车,这种农具在抗旱时很有用。不过,在诗的最后,梅尧臣说水轮虽有效率,但他心仪的还是悠然忘却机心的抱瓮行为。叶梦得《石林诗话》中记载,老宰相晏殊有一首吟咏竹竿上杂耍的诗《咏上竿伎》,诗云:"百尺竿头袅袅身,足腾跟挂骇旁人。汉阴有叟君知否?抱瓮区区亦未贫。"认为机巧不如纯朴,高高竿头玩高难度动作的演员不如汉阴"抱瓮"老翁。这首题诗挂在中书厅即重臣办公处,有一次大臣文彦博和王安石一起经过时,文彦博特意停留吟咏了很久。王安石心领神会,就在晏殊诗后题诗《和晏元献题中书壁》:"赐(子贡)也能言未识真,误将心许汉阴人。桔槔俯仰何妨事?抱瓮区区老此身。"说子贡的评价未必是对的，桔槔俯仰取水之类有科技含量，有什么不好？抱瓮保守守旧耽误事。沈括族兄沈辽《水车》诗云："黄叶渡头春水生，江中水车上下鸣。谁道田间得机事，不如抱瓮可忘情。"也借水车表达支持变法的思想。

240 诗词里的宋韵

书当快意学无遗力

　　宋人讲理趣与他们好学又重实践有关。他们除了重视苦读和积累外，也重视实践体验，所谓"工夫在诗外"。"工夫在诗外"这句诗出自陆游《示子遹》。此诗是他去世前一年多写给儿子的，也是这位一生写了近万首诗的诗人的甘苦之言。诗最后云"诗为六艺一，岂用资狡狯？汝果欲学诗，工夫在诗外"，说诗是儒家的六艺之一，不能当作文字游戏。作诗要重视诗外功夫的历练。陆游另一首《六经示儿子》诗又指出："六经如日月，万世固长悬……我老空追悔，儿无弃壮年。"又强调经典学习。"工夫在诗外"指书本知识和实践能力双重学习。有了丰富的知识储备、技能训练，才能谈融会贯通和豁然顿悟。陆游的另一首教子诗《冬夜读书示子聿》云："古人学问无遗力，少壮工夫老始成。纸上得来终觉浅，绝知此事要躬行。"这首诗写得较早，是冬夜读书的陆游有感而发写给小儿子的。他说自古没有人做学问是轻而易举的，而必须不遗余力。不但要从青少年时期开始努力，而且要长期学习，到老年才有可能获得一定成就，得到成功。

　　宋代诗人在读书上都很努力。欧阳修《归田录》卷二云：

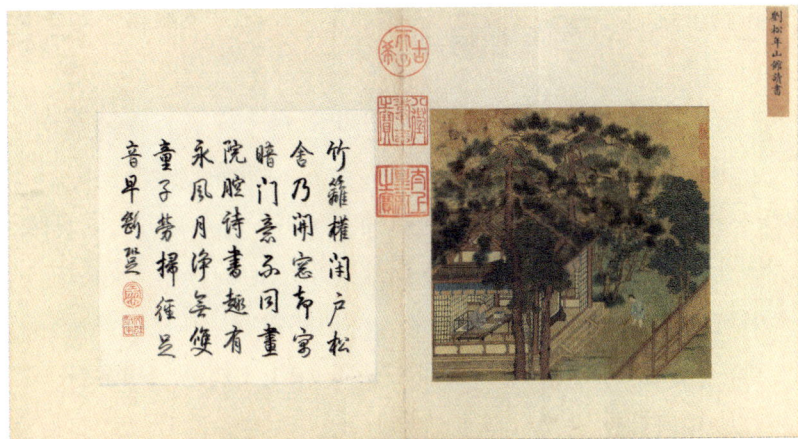

图6-6　《山馆读书图》　传〔宋〕刘松年　（故宫博物院藏）

"余平生所作文章，多在三上，乃马上、枕上、厕上也。"说他利用旅行中、睡觉前甚至方便时的点滴碎片时间写诗文。他们还充分利用前述的"三余"时间，即不能外出的冬天、晚上和阴雨天。黄庭坚《次韵高子勉十首》诗云："少年基一篑，长岁足三余……尊前八采句，窗下十年书。""一篑"指堆土成高山需要从一篑（筐）土开始积累。黄庭坚说读书要从少年开始打基础，即陆游说的"少壮工夫"。只有长期不懈地努力，才能通过书斋窗下人背后的十年书（工夫），换来人前八句（指律诗）精彩诗句。杨万里《和张器先十绝》（其一）云"散尽千金买尽书，短檠两夜趁三余"，说趁"三余"时间夜读不懈。葛立方《所居二室号书痴、禅悦，各成一诗》云"寸阴端合竞三余"，也说"三余"时间的每一分都应该（端合）利用珍惜。吴芾《再和》诗云"少年勤苦惜三余"，说少年人要珍惜"三余"

时间勤苦读书。楼钥《次韵十绝·读书》也云"聊将遮眼度三余"。

宋人题为《读书》的诗很多。欧阳修《读书》诗云"至哉天下乐，终日在书案"，以读书为至乐。陆游《读书》诗云："床头正可著《周易》，架上何妨抽《汉书》。幸有古人同臭味，不嫌儿子似迂疏。"更加细节化地突出了他的读书爱好。通过读书与古人、儿子进行心灵交流，可消解寂寞。其《杂兴六首》（其一）云："架上《汉》浑忘尽，床头《周易》却常看。"可见他对典籍的钟爱。陆游晚年写的《读书》诗云"灯前目力虽非昔，犹课蝇头二万言"，说自己年纪大了，视力不如年轻时了，但依然坚持苦读，又读完了两万的蝇头小字。王禹偁《清明》诗云"昨日邻家乞新火，晓窗分与读书灯"，说昨天是寒食节，没有火种点灯，不舍得浪费时间不读书，急着从邻居家讨来新火种。今天是清明节，凌晨时就在窗前点灯开始攻读了。这苦读情景也就是汪洙《神童诗》鼓励宋人从小刻苦攻读书籍"少壮工夫""学无遗力"的"漏尽金风冷，堂虚玉露清。穷经谁氏子，独坐对寒檠"。汪洙还云"学问勤中得，萤窗万卷书。三冬今足用，谁笑腹空虚"，鼓励向晋人车胤学习用萤火照书夜读。连皇帝们也很勤奋，宋度宗有《新凉》诗云："新凉灯火又相亲，遍阅群书不厌勤。缓视微吟真乐处，那知宫漏夜将分。"写自己"遍阅群书"，看尽大内藏书，在"缓视微吟"即慢慢阅读轻轻吟咏中找到乐趣，乃至深夜忘了时间。

宋人不提倡死读书，而是追求宋度宗所说的"缓视微吟真乐处"，重视领悟书中的真意真趣。陈师道《绝句》诗云"书当快意读易尽", 说读书读得心满意足, 无惧寂寞, 忘了痛苦。叶采《暮春即事》诗云"双双瓦雀行书案, 点点杨花入砚池。闲坐小窗读《周易》, 不知春去几多时", 也写读书之乐。说阳光照得屋瓦上两只麻雀跳跃的影子投射在书桌上, 点点杨花飘入书斋落在砚台低洼储水处, 诗人悠闲地坐在书斋窗前潜心研读《周易》, 浑然不觉窗外春天已悄然过去。宋人推崇自主读书学习, 追求在苦读基础上的融会贯通、豁然有得。他们认为"尽信书则不如无书"(《孟子·尽心下》), 辛弃疾《西江月·遣兴》词云"近来始觉古人书, 信着全无是处", 说读书到深处有了自己的体悟所感, 近来觉得古人写的也不能全信, 要经过自己的体验、实践、鉴别才能吸纳汲取。

陆游《文章》诗云"文章本天成, 妙手偶得之", 说通过学习积累、躬行体验、顿悟融通, 能够"妙手偶得"。姜夔《送朝天续集归诚斋时在金陵》诗赞许杨万里诗集《朝天续集》"箭在的中非尔力, 风行水上自成文", 说好诗就像箭头射中靶子中心, 不是刻意用力而是靶心有吸引力, 也好像风吹过水面自然形成纹理(谐音文理)。这其实就是黄庭坚所说的"尊前八采句, 窗下十年书", 朱熹所说的"向来枉费推移力, 此日中流自在行"。

宋人不片面赞成死读书, 也不过分追求空泛没有根基的"快乐教育", 他们的学习态度是中肯、恳切、踏实的, 值得今人学习、借鉴, 而这也是宋代多好诗(词)的根本原因。

图书在版编目（CIP）数据

诗词里的宋韵 / 吴晶，周膺著 . — 杭州：浙江工商
大学出版社，2022.10（2023.8重印）
（宋韵文化丛书 / 胡坚主编）
ISBN 978-7-5178-5017-5

Ⅰ.①诗… Ⅱ.①吴… ②周… Ⅲ.①宋诗—诗歌研
究②宋词—诗词研究③文化史—中国—宋代 Ⅳ.
①I207.227.44②I207.23③K244.03

中国版本图书馆 CIP 数据核字 (2022) 第 114109 号

诗词里的宋韵
SHICI LI DE SONGYUN

吴　晶　周　膺著

出 品 人	鲍观明
策划编辑	沈　娴
责任编辑	费一琛　徐　佳
责任校对	夏湘娣
封面设计	观止堂_未氓
责任印制	包建辉
出版发行	浙江工商大学出版社
	（杭州市教工路 198 号　邮政编码 310012）
	（E-mail：zjgsupress@163.com）
	（网址：http://www.zjgsupress.com）
	电话：0571-88904980，88831806（传真）
排　　版	浙江时代出版服务有限公司
印　　刷	浙江海虹彩色印务有限公司
开　　本	880 mm×1230 mm　1/32
印　　张	8.25
字　　数	170千
版 印 次	2022年10月第1版　2023年8月第2次印刷
书　　号	ISBN 978-7-5178-5017-5
定　　价	78.00元